가늘게 길게 애틋하게

가늘게 길게 애틋하게

변진경
김명희
임승관

— 감염병 시대를 살아내는 법

차례

프롤로그

변진경

— 현자들과 넘은 아홉 고개

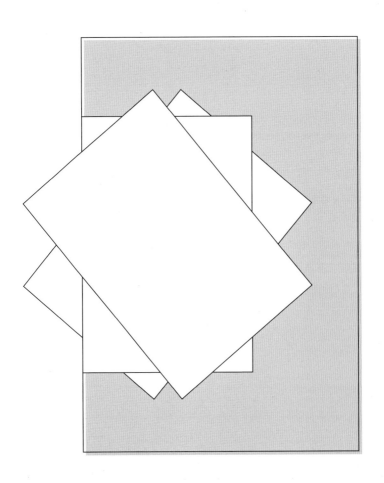

주간지 기자라서 얼마나 다행인지 모른다며 여러 번 가슴을 쓸어내렸다. 자고 일어나면 어제의 뉴스가 쓸모없어지는 날들이었다. 그래도 뉴스 소비량은 폭발하고 미디어 노동자는 부지런히 생산해내야만 했다. 모두가 처음 겪는 팬데믹, 기자들은 때로는 몰라서 헛발질하고 때로는 알면서도 실수했다. '기레기'라는 욕을 들을 만큼 들었다고 여겼는데 코로나19가 그 한도를 한 번 더 경신해줬다. 하루, 시간 단위 생산물을 내야 하는 동료 기자들이 노동을 거듭할수록 욕을 얻어먹는 모습을 지켜보며 얄미운 주간지 기자는 제 노동의 가치를 극대화할 수 있는 최적의 방법을 궁리했다. 코로나19를 맞은 우리 사회는 알 권리, 진실 보도, 사명감 같은 기존 저널리즘 원칙으로 모두 커버할 수 있는 영역이 아니었다.

다른 호흡법이 필요했다. 오늘의 이슈와 모순을 담아내면서도 앞으로 이 상황이 끝날 때까지 생명력을 유지하는 콘텐츠를 생산해내야 했다. 문제는 그때가 내일일지 모레일지 1년 뒤일지 10년 후일지 아무도 모른다는 점이다. 그 불확실성을 알아야 안정적인 호흡이 가능했다. 다행스럽게도 일주일은 그 호흡법에 비교적 맞춤한 단위였다. 월요일에 터진 사건에 대해 화요일과 금요일에 할 수 있는 기록은 각각 다르다. 화요일에는 '사건' 이상은 담아내기 힘들지만 금요일에는 미약하나마 그것의 '의미'를 담아낼 수 있다. 코로나19를 맞아 우리 사회에 터진 사건들 각각은 단발적이었으나 거기에 반응하는 사회의 모습은 반복적이었다. 일주일이라는 시간은 그 반복성을 포착하고 사건의 앞뒤를 조망할 수 있는 여유를 주었다.

2020년 3월부터 5월까지 '주간 코로나19'를 기획하고 〈시사

IN〉지면을 통해 1차 결과물을 보도하면서 일주일이라는 시간의 가치를 새삼 확인했다. '이번 주의 코로나19 이슈를 담아내되 긴 안목을 갖춘 전문가들의 입을 빌려 코로나 이전과 이후 우리 사회의 모습을 돌아보고 내다본다'가 이 대담 기획의 목표였다. 김명희 시민건강연구소 상임연구원과 임승관 경기도의료원 안성병원 원장을 고정 멤버로 앉혔다. 김명희 연구원은 보건의료 시민단체에서 활동하는 예방의학 전문의로서 코로나19가 시민의 삶과 사회에 미치는 영향과 의미를 읽어줬다. 임승관 원장은 감염내과 전문의이자 경기도 코로나19 긴급대책단 공동단장이다. 의료 현장과 지방자치단체에서 목격한 위기와 대응을 전해주었다. 매주 분야에 맞는 전문가를 한두 사람씩 게스트로 초청했다. 마음건강, 대구, 교육, 언론, 외교, 노동, 공공의료, 인권이라는 주제 아래 각각 평균 3시간씩 원고지 250장 분량의 이야기를 나눴다. 알맹이들을 정리해 기사로 내고 독자들의 피드백을 받았다. 일련의 과정을 통해 우리 사회에서 유의미한 기록을 남기고 있다는 확신을 얻었다.

그 자신감과 책임감을 발판 삼아 단행본까지 추진했다. 분량의 한계로 〈시사IN〉지면에 담아내지 못한 대담 내용을 추가하고 각각의 분야에서 대담 이후 일어났던 사건들과 의미를 후기 형식으로 간략히 덧붙였다. 각 장의 처음에는 당시 코로나19 신규·누적 확진자 수를 그래프상에 표시했다. 드라마틱하게 꺾이는 그래프 선처럼 매주 반전을 거듭했던 코로나19 확산 초기 우리 사회 분위기를 복기하며 읽으면 도움이 될 것이다. 주간지의 일주일 단위 호흡이 단행본이라는 더 긴 호흡 안에서는 어떤 힘을 발휘할지 자못 궁금하다.

늘 한 시대의 토막을 기록하는 사람이 되고 싶었던 나에게 '주간 코로나19' 기획과 이 책〈가늘게 길게 애틋하게〉대표 집필은 더없이 큰 기회와 행운이었다. 알맹이는 모두 고정 멤버 김명희, 임승관 선생님과 열세 분 게스트들의 머리와 입에서 나왔다. 현자(賢者)들이 벌이는 지혜의 향연에 숟가락을 얹고 같이 아는 체할 수 있어 부끄럽고 흡족하다. 이 자리를 빌려 대담 참석자들에게 다시 한번 감사를 표한다. 코로나19 이야기를 하자고 코로나19 시대에 가장 바쁜 분들을 모셨다. 대개 본업을 마친 저녁 시간에 대담이 이루어졌다. 김밥, 샌드위치 따위를 식사 대용으로 준비해놓고 먹는 모습을 물끄러미 바라보는 진행자에게서 '얼른 배를 채우고 콘텐츠를 내놓으시오'라는 무언의 압박을 분명 느끼셨을 테다. 죄송하고 또 한 번 감사하다.

매번 꿋꿋이 도시락 통을 싹싹 비우고 거기서 나온 칼로리를 또 대담 자리에서 알뜰히 태우고 가주신 김명희, 임승관 두 분께는 특별히 감사드린다. 임승관 원장은 이 대담 기획을 처음 제안해주셨고 김명희 연구원은 함께하자는 제의를 덥석 물어주셨다. 기획을 끌고 나갈 수 있도록 적극 밀어준 고제규 전 편집국장, 중간중간 아이디어를 나누고 방향을 잡아준 장일호 기자, 이 많은 짐들을 나누어 져준 김은남 선배에게도 '애틋한' 마음을 표한다. 무엇보다 진짜 기록자 역할을 맡아준 후배 김영화 기자에게 큰 빚을 졌다. 부지런히 키보드를 두드리는 김 기자의 속기 노동이 없었다면 이 기록도 나오지 못했을 것이다. 바쁜 엄마와 아내를 견뎌준 가족에게는 미안함과 사랑을 전한다.

매주 화요일 저녁이 즐거웠다. 개인적으로는 숨통이 트이는 기분이었다. 길어지는 재택근무, 아이들의 휴교·휴원, 끝없는 돌봄과 마감 노동의 순환 반복 속에서 일상 자체가 KF94 마스크를 낀 양 답답하고 숨차던 시점이었다. 3시간여 뜨거운 토론과 경청의 시간을 보내고 나면 이상하게도 기운이 솟았다. 코로나19가, 감염병이, 그것과 동거해야 할 앞으로의 삶이 조금씩 덜 불안하고 덜 답답하고 덜 막막해지는 기분이었다. 진행자만 즐겁지는 않았을 것이다. 본문 문장들 사이사이 숱한 고개 끄덕임과 탄식, 박수와 폭소가 생략돼 있다. 현장에 있던 사람들에게 유익하고도 즐거운 시간이었으니 그 기록을 읽는 독자들의 시간도 분명 그러하리라 믿는다.

〈가늘게 길게 애틋하게〉는 코로나19를 주제 삼아 출판된 숱한 책 가운데 하나이다. 더 저명한 저자가 더 긴 시간 공들여 만들어낸 훌륭한 책도 많을 것이다. 그럼에도 불구하고 〈가늘게 길게 애틋하게〉는 남다를 것이라 감히 자부한다. 이 책은 코로나19를 처음 만난 2020년 상반기를 과거로서 되돌아보는 책이 아니다. 일주일이라는 시간 간격을 두고 나뉜 각 장에는 저마다의 현재가 존재한다. 그 순간마다 우리 사회의 표정과 반응이 어땠는지, 단순한 스트레이트 기사 속 문장 이상으로 남겨둘 필요가 있다. 당황스럽고, 다급하고, 화나고, 안타까운, 지나고 나서는 쉽게 잊어버리게 되는 당시의 우리 마음과 감수성이, 대담 참석자들의 '발화'를 통해 예민하게 기록되었다. 이런 기록들은 또다른 '현재'를 만날 때 다시 유용해질 것이다.

〈가늘게 길게 애틋하게〉는 팬데믹을 만난 우리의 목표와 한계, 그리고 마음까지 이야기한다. '가늘게'는 우리의 목표다. 감염병의 확산과 피해를 최대한 얄팍하게 낮춰야 한다. '길게'는 우리의 자세다. 쉽게 끝나지 않는다는 한계를 인정하고 오래도록 지치지 않아야 한다. '애틋하게'는 우리의 마음이다. 타인의 아픔이 곧 내 아픔으로 연결됨을, 서로가 서로의 환경임을 인식할 때 미움과 긴장과 불안이 조금은 누그러질 것이다. 코로나19 이후 우리의 삶을, '견뎌내는' 시간 이상으로, 풍부하고 따뜻하게 꾸려 나가고 싶은 분들에게 이 책을 권하고 싶다.

1장 팬데믹

변진경
김명희
임승관

— 완벽한 안전? 그런 건 없다

2020년 3월11일 저녁 7시30분
서울 사당동 시민건강연구소 회의실

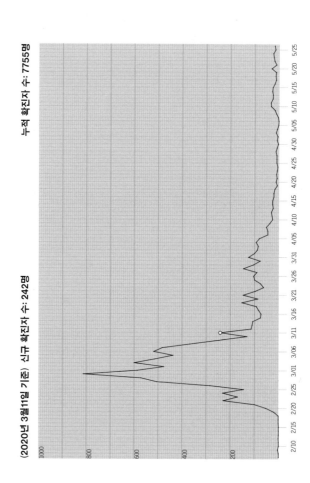

첫 대담이었다. 워밍업처럼 가볍게 몸 풀듯 대담 기획 '주간 코로나19'의 시작을 열어보자는 생각이었다. 그런데 적어 내려가다 보니 사전 질문지 속 문장들이 A4 한 장을 가득 채웠다. 콜센터 집단 감염, 백병원 환자 확진, 대구·경북 환자에 대한 혐오와 차별, 마스크 5부제를 두고 계속되는 논란, 이탈리아의 확산세, 재난 기본소득에 대한 이야기…. 모두 한 주 사이 벌어지고 뜨거워진 이슈들이었다. 쌓인 이야기들에 마음이 급해, 서로 첫 인사 나누고 어쩌고 할 시간도 없이 바로 본론으로 들어갔다. 아, 모두 화장실에 들러 손 씻는 건 빠트리지 않았다.

2020년 3월 둘째 주 '코로나19와 나'에 대해 말해 봅시다. 지난 한 주 각자 서 있는 자리에서 보고 듣고 느낀 우리 사회의 모습은 어땠나요?

■ **임승관** 지난 주말 복합 쇼핑몰에 영화를 보러 갔어요. 한 달 전쯤만 해도 인파로 북적이던 곳인데 텅텅 비었더라고요. 앉아서 영화 시작을 기다리며 생각했어요. '이 시간이 무슨 의미일까. 사회적 거리두기, 스탠드스틸(standstill) 전략을 통해 우리가 시간과 기회를 얻은 거라면, 이것은 혹시 누군가의 희생에 기반하고 있는 건 아닐까. 방역 작전을 짜거나 프로그램을 실행할 수 있는 귀중한 시간이 공짜로 얻어진 게 아닐 텐데. 모든 일상 활동이 정지됐다면 피해는 분명 건물주나 현금 자산가들에게 돌아가진 않을 텐데. 어쩌면 가장 약자들일지 모를 누군가의 희생으로 얻어진 기회와 시간을 관료, 전문가,

언론, 우리 사회가 제대로 사용하고 있을까.' 이런 생각
들이 일주일 동안 머릿속을 가득 채웠어요.

■ **김명희** 개인적으로는 생활에 소소한 불편함과 괴로움이 있었
어요. 제가 시민단체에서 일하니까 월급이 적어서 평소
에 책을 다 사서 보지는 못 했거든요. 도서관에서 빌려
보는 편이죠. 그런데 모든 도서관이 문을 닫았어요. 아
니, 문은 닫아도 책은 빌려줘야죠(웃음). 할 수 없이 인
터넷 서점에서 책을 사서 보기 시작했어요. 또 하나 놀
란 일도 있어요. 올해로 생협 조합원 15년째예요. 처음
으로 배송 '펑크'를 경험했어요. 예전 김장 배추 대란 때
도 끄떡없던 배송 시스템이었는데요. '이건 뭐지? 사람
들이 진짜 식품을 쟁여놓으려 하는 건가?' 어리둥절했
어요.

주말에는 한 친구에게서 전화가 왔어요. 팔순 되신 친구 아버
님이 갑자기 목요일부터 말이 어눌해졌다는 거예요. 누
가 봐도 뇌졸중이 의심되는 상황이었죠. 그런데 평소
천식 기운이 있어서 지금 병원에 가면 (코로나19 감염 위
험 때문에) 큰일 난다면서 병원을 안 갔다는 거예요. 빨
리 가셔야 한다고 설득해 응급실로 갔어요. 이미 혈관
이 많이 막혀서 앞으로 두세 달 재활 치료를 해야 하는
상황이에요. 이런 사례가 내 주변에만 있진 않을 것 같
아요. 평소라면 피할 수 있었던 다른 문제들로 인한 사
망률도 높아질 수 있겠다는 생각이 드네요.

코로나19 상황에서 모든 아픈 사람과 그 가족들이 취할 수 있는 액션

플랜이 매우 모호한 상황입니다. 만약 친구 아버님이 뇌졸중 증상이지만 검사해보니 코로나19도 양성이었다면? 응급실이 폐쇄되고 비난 댓글에도 시달렸을 것 같아요. 실제 이런 혼란 속에서 대구 거주 사실을 숨기고 입원한 환자로 인해 병원이 폐쇄되는 일도 벌어졌어요. 그 환자에 대한 비난도 쏟아졌어요. '아플 거면 대구에서 아프지 왜 서울 자식 집에 올라왔냐', '대구·경북 사람들은 타지 사람들에게 민폐 끼치지 마라' 등등. 초기 중국인이나 조선족을 향하던 손가락질이 신천지 신도, 그리고 대구·경북 사람 전체에 대한 혐오로 점점 번져나가는 모양새입니다.

■ **임승관** (경기도 지역) 병상 배정을 하는 과정에서 하나하나의 사례들을 살펴보면 어느 시점부터 분명히 대구 방문 이력 환자가 늘어났어요. 이런 방어적 행위는 언론이 주목하기 전부터도 현실에서 감지가 됐어요. 개인적으로는 너무나 자연스러운 현상이라고 생각합니다. 서울백병원 사례는 물론 대구 다녀왔냐는 질문에 거짓말을 한 점이 비난의 여지가 있지만, 여기에서도 개인의 행위에 너무 초점을 맞출 필요는 없을 것 같아요. 그런 조건이 왜 만들어졌는지를 봐야 해요. 대구·경북, 신천지 같은 어떤 위험이라는 꼬리표가 붙은 사람들에게 적절한 의료적·사회적 서비스가 중단되었다는 사실을 개인들이 알고 있습니다. 누구나 아픈 사람들은 그에 맞는 의료 서비스를 받을 권리가 있어요.

백병원처럼 환자의 거짓말이 없는 상황에서도 예기치 않은 일들이 일어납니다. (3월 5일부터 확진자가 발생한) 분당제생병원에 갔는데 입구에 '국민안심병원' 플래카드가 붙어 있는 걸 보고 생각했어요. '내일 국민안심병원도 뚫렸다는 기사가 나가겠구나.' 어떻게 디자인해도 다 못 막아요. 누가 보건복지부 장관이더라도 마찬가지죠. 코로나19 증상이 특이하지도 않고, 모든 폐렴 환자가 호흡기 증상이 있고 얼마나 많은 외상 환자가 열이 날 텐데 그걸 어떻게 완전히 구분합니까. 우리나라가 가진 의료 자원으로 일말의 확률을 지닌 감염자를 공간적으로 완벽히 분리한다는 게 현실적으로 불가능해요. 우리의 욕심이 아닐까요. 달성할 수 있는 목표를 낮춰야 합니다. 한 사람도 다치지 않고 불을 끄고 싶은 건 사실이지만, 기대를 낮출 필요도 있어요.

'사회적 거리두기의 기간이 누군가의 희생을 기반으로 하고 있지 않을까'라는 임승관 원장님의 말씀이 마음에 남습니다. 최근 몇 주간 유난히 스팸 전화가 더 많이 오는 느낌이었어요. 주로 보험 영업을 하는 콜센터 직원이었어요. "죄송합니다, 바빠서요"라며 전화를 끊으면서 생각했어요. '어디선가 이분들 밀집돼서 전화를 하고 계실텐데….' 그러는데 구로 콜센터 집단 감염이 딱 터진 거죠. 지금 많은 사람들이 집에 머물면서 전화로 해결하는 일들, 고객 응대나 서비스센터나 AS 센터 이런 것들이 수요가 높아지고 업무량도 폭증했어요. 예를 들면 밖에 나가 장을 보는 대신 인터넷 쇼핑으로 물건들을 다 시키죠. 제대로 배송이 안 오면 어떻게 합니까? 고객센터나 택배회사에 전화를 하지 않나요? 그런 곳에서 전화를 받고 일하는 사람이 있기에 사회적 거리두기 기간에도 사회가 유지될 수 있는 듯합니다. 그분들의 희생을 기반으로 우리가 안전하고 부족함 없이 집에 머무를

**수 있는 거죠. 그런데 그런 곳에서 집단 감염이 터지면 그들은 또
사회적 비난의 대상이 되고 말아요. 여기서 끝나지 않을 것 같습니다.
콜센터와 같은 환경에선 언제 어디서든 문제가 다시 터질 것 같아요.**

■ 임승관 많은 사람들이 코로나19에 대해 실제에 비해 고평가·
저평가하는 부분이 있어요. 코로나19의 사망 위험이나
위중도는 지나치게 고평가되어 있고, 이것이 나나 내
가족에게 다가올 수 있다는 가능성은 지나치게 저평가
되어 있어요. 수도권 확진자 수가 늘면서 경기도에서
회의를 열었어요. 콜센터 전수조사 같은 대책이 논의되
는 자리였죠.
　　　저는 (경기도 코로나19 긴급대책단 공동단장으로) 앉아 있다가 마지
막에 의견을 말씀드렸어요. "조금만 더 생각을 해봅시
다…. 왠지 뒤쫓아 간다는 느낌 안 드세요?" 신천지에
서 나오면 신천지 전수조사, 콜센터 터지면 콜센터 전
수조사, 이게 과연 그만한 방역 효과가 있을까요? 콜센
터에서 집단 감염이 발생했다면, 그에 내포된 위험요인
이 무엇인지 살펴야 하지 않을까요? 비슷한 위험요인
을 갖춘 곳은 어디인지 찾아야 하지 않을까요? 그 공간
안의 사람들이 상대적으로 높은 위험을 제대로 알고 있
는지 확인해야 하지 않을까요? 집단 감염은 아마 세 가
지 요인이 결합할 때 발생하기 쉬울 거예요. 첫째, 공간
적 요인. 실내이고 환기가 잘 안 되는 곳. 둘째, 밀도. 너
무 많은 사람이 밀집해 있을 때. 셋째, 행위. 신체 접촉
이 많고 침방울이 튀어 비말이 퍼지기 좋은 조건.

이런 공간은 어디에나 있어요. 그런데 그 커뮤니티 안에 있는 사람들이 나에게도 올 것이라고 생각하고 있을까요? 내가 호흡기 증상이 있긴 하지만 이건 감기이고 코로나는 뉴스 속에 있다고 생각하는 거죠. 지역사회 감염은 〈시사IN〉 편집국 안에도 있을 수 있고 내 주변 어디에나 있을 수 있어요.

■ **김명희** 아는 분이 다국적 금융회사에 다녀요. 거기서 코로나19 유행이 시작되자마자 한 일이, 옆 건물 비어 있는 사무실을 임대한 거였대요. 직원 반을 나눠서 거기로 보내고, 핵심 인력, 절대 감염되면 안 되는 사람들을 재택근무로 돌렸어요. 위탁업체가 운영하는 콜센터는 예전에 가봤지만 진짜 공장이에요. 정확하게 초 단위로, 화장실 가도 (기록을) 걸어놓고 가야 하는. 전화 응대를 그냥 해도 욕을 먹는 마당에 마스크 쓰고 할 수도 없고요. 그런 곳에서 일이 터진 건데 그런 작업장이 사실 거기만 있는 것도 아니죠. 그리고 재택근무 얘기가 많이 나오는데요. 그건 하다못해 커피믹스, 정수기 물, 컴퓨터, 모든 작업 인프라를 개인이 감당한다는 거예요. 비용을 외부화하는 방식이죠. 허울 좋지만 결국 그 모든 인프라 생산과 관련된 생산수단을 노동자에게 전가하는 거예요.

어떻게 이 사람들을 보호할 수 있을까요? 유일한 방법은 하나씩 떨어져서 앉고 근무 조를 나누는 것 정도예요. 우리 연구실은 차라리 창문을 다 열어놓아요. 현실적인 방법을 적용하려면 전문가가 사실 다 알기 어려운 부분들이 있어요. 어떻게 하나하나 다 알겠어요. 그렇다면 노조, 현장에 있는 사람들이 아이디어를 내고 그것이 수용되는 방식으로 가는 게 맞아요.

■ **임승관** 산업안전보건법상 300인 이상 사업장은 전임 보건관리자를 두게 돼 있어요. 그런데 이 체계가 제대로 작동을 안 해요. 독감이든 코로나19든 감염병 유행 시기에는 자기 사업장에서 일어나는 국지적인 감염병 양상을 체크해내야 해요. 누구든 자기 사업장을 지키고자 하는 마음엔 이견이 없지 않을까요. 300명 사업장에서 평소 3~4명 정도 감기 증상은 당연하다 치지만 어느 날 30명 이상씩 증상이 나타나면 이상하다고 여겨야 합니다.

■ **김명희** 처음 감염된 분은 모르겠지만, 직장 내에서 동료 때문에 감염됐다면 엄밀하게 말해 산업재해예요. 작업장 위험요인 때문에 감염됐기 때문이죠. 그런데 보건의료 노동자를 포함해 아무도 그렇게 생각하지 않아요. 보건의료 노동자도 메르스 때 산재 인정받은 사람이 얼마 없어요. 40명 정도 사례 가운데 산재로 인정받은 사람은 7명 정도예요. 본인들 스스로도 산재라고 생각 안 했고 아무도 챙겨주지도 않았고요.

여전히 병상이 모자라고 사망자도 발생하고 있습니다. 대구에서 목격한 서지(surge, 의료 수요 급등)가 전국으로 확산될까 봐 걱정이 됩니다.

■ **임승관** 병상을 무한정 확보할 수 있을까요? 그렇지 않습니다. 병상 수를 최대한 확보한다 해도 의사, 간호사 수가 그

만큼 없어요. 자원을 최대한 늘리는 전략은 한계가 있어요. 급조한 체계에 의해 또 다른 무너짐이 일어나요. 차라리 이미 갖고 있는 자원을 어떻게 효율적으로 쓸지 고민해야 합니다.

환자 수가 급등하는 상황에서 적합한 솔루션이 하나 있어요. 가정이에요. 아픈 사람이 집에 머무르는 거죠. 산소 치료가 필요하지 않다면 감기처럼 집에서 치료하면 돼요. 예를 들면, 지난 4주간 제가 원장으로 있는 경기도의료원 안성병원에 38명이 코로나19로 입원했어요. 대략 조사한 바에 따르면 이 가운데 폐렴이 발견된 환자는 2명이에요. 이들은 큰 병원으로 옮겨갔고 3명은 퇴원했어요. 나머지 33명에 대해, 과장님들께 물어봤죠. "33명 중 현재 퇴원해도 될 만한 환자, 그러니까 퇴원시켜도 원망을 하거나 따지지 않을 것 같은 상태의 환자는 얼마나 될까요?" 대략 세어보니 24명이었어요. 72.7%죠.

우리 병원만이 아닐 거예요. 적어도 과반수의 사람이 꼭 병원에 없어도 되는 거죠. 이들을 가정, 생활치료센터로 빼야 기다리는 중증 환자를 넣어줄 수 있어요. 전문가들도 이를 알고 있어서 건의했고, 질병관리본부(질본)의 대응지침 7-1판에도 들어갔어요. 하지만 그 개념이 아직 유포되진 않았어요. 생활치료센터는 알려지고 있지만 가정으로도 복귀 가능한 것에 대해서는 잘 언급되지 않아요. 정부도 언론도 잘 얘기를 안 해요.

■ **김명희** 집에 갔다가 만약 한 명이라도 악화되면 책임론이 불거질 테니….

- **임승관** 실제 한 병원에서 7판 기준에 따라 임상 증상 호전 시 경증 환자를 퇴원시켰어요. 해당 지역 보건소에서 난리가 났어요. 대응지침 6판 기준으로는 PCR 검사 두 번 음성이 나와야 격리해제가 가능한데, 그 기준에 못 미치는 사람이 다시 공동주택에 들어가는 걸 주민들이 받아들일 수 있겠냐는 거죠. 기자들도 물을 거예요. "100% 안전합니까?" 마스크랑 똑같아요. 사람들은 완벽한 안전을 원해요. 불로 예를 들어봐요. 전깃불이 가장 안전하지만 만약 전기 자원이 제한돼 있다면요? 가장 필요한 곳에서 먼저 전깃불을 사용하기 위해 어떤 집에서는 당분간 촛불을 켜고 살아야 할 수도 있어요. 그래요. 촛불을 잘못 다루다 집을 태우는 경우가 혹시 있을지도 모르죠. 계속 따져 묻는다면 물론 위험해요. 하지만, 그 정도는 우리가 감당할 만한 수준의 위험일 수도 있어요.

- **김명희** 그게 바로 억셉터블 리스크(acceptable risk, 수용 가능한 위험)라는 개념이에요. 방사능 예를 들어볼게요. 방사능 위험도는 선형으로 증가한다고 알려져 있어요. 안전한 방사능은 없어요. 한 장 찍고 두 장 찍으면 찍은 만큼 리스크가 올라가요. 그러면 엑스레이나 CT 없이 살 건가요?

  관리 가능한 수준, 다른 것과 대비해 수용 가능한 수준을 정해야 해요. 사실 초기에 환자 수가 적었을 때 모든 전력을 다 갈아 넣었어요. 한 명 한 명 동선을 추적하고 다음압병실에 입원시키고 마스크 다 쓰고 그렇게 가이드를 받았는데 이제 와서 '마스크 덜 써도 된다' '집에 가서 쉬어도 된다'는 말을 받아들이기 어려운 게 사실이죠. 그런데 받아들일 수밖에 없어요. 정치인과 언론이 중간에서 책임감을 갖고 리스크 커뮤니케이션을 제대로 해줘야 가능한 일이에요.

영국에서 몇 년 전부터 겨울철 노인들의 폐렴 사망률이 높아졌어요. 통상 지병이 있던 노인이 겨울에 폐렴으로 사망하는 경우가 많은데, 최근 그 사례가 과도하게 높아져서 분석을 해봤대요. 가장 유력하게 제기되는 이유가 소셜 케어(복지 서비스)의 예산이 확 깎인 것이었어요. 퇴원하고 나서 갈 곳이 없으니 인플루엔자 유행 시기에 경증 환자들이 퇴원을 안 하거나 못했어요. 병상이 100% 차 있으니 새로 환자가 발생해도 입원을 못하고 응급실에서 대기하다가 죽은 거죠. 이런 문제가 몇 년째 반복되었어요. 우리도 어느 순간 밀어내는 전략을 써야 해요. 이건 사실 과학의 문제라기보다는 위험을 어디까지 수용할 것인가 하는 사회적 합의의 문제예요.

"통제 가능한 수준에서 다수가 위험을 나누어 갖자"는 이야기는 누구도 쉽게 나서서 하기 어렵습니다. "최선을 다해 끝까지 위험을 막아내자"라는 이야기가 오히려 쉬운 것 같아요. 퇴원 기준과 함께 병상 확보에서 또 하나 중요한 관건이 지역 간 네트워크입니다. 지역 내 한정된 병상 문제를 돌파하기 위해 다른 지자체와의 협력이 필수일 것 같은데요.

■ **김명희** 지금 지자체와 지자체를 연결할 수 있는 코디네이터가

없는 상황이에요.

- **임승관** 메르스 때도 반복됐던 이야기예요. 한 지자체 내 병상이 다 차면 옆 동네 걸 빌려 써야 하는데 룰이 없었어요. 개인 인맥을 동원하고 사정하고 빌고 그래야 했어요. 이번에도 비슷했고요. 같은 문제가 재발하자 국립중앙의료원에 재난응급상황실을 두고 직권으로 어레인지(배정)할 수 있도록 했어요. 그 경로로 대구·경북 중환자들이 다른 지역으로 많이 빠졌어요.

이게 순기능인데, 역기능도 있어요. 미리 민간병원과 더불어 네트워킹을 만들어 환자 분류체계를 만들어놓은 지자체에서는 이런 '내리꽂는' 방식이 역효과가 났어요. 경기도 같은 경우 민간 상급 종합병원장들이 모두 협조적이었어요. 계약서도 협약도 없이 중환자 병실을 새로 돈 들여 만들고, 다른 비용을 감수하면서 병상을 비워 공공부문과 함께 코로나19 환자를 받을 준비를 자발적으로 해오고 있었어요.

그런데 대구 상황이 악화되면서 위에서 공문이 딱 내려오는 거죠. '병원당 병상 몇 개, 의사 몇 명, 간호사 몇 명씩 내세요.' 그런 관료주의에서 사람들 마음이 닫혀요. 공문 받는 순간 그 사람들은 말하죠. "그 (협조 요청) 얘기가 결국 이거였어?" 따뜻한 전화상 부탁이나 카카오톡의 웃음 이모티콘 이런 걸로 겨우 만들어가고, '저 사람(기관)이 이렇게 고생하는데 우리도 이 정도는 해야지' 하다가 공문 한 장으로 싸늘해지는 거예요. 여기에서 어떤 교훈이 남느냐는 거죠. 한국 사회는 지자체 안에서 민과 관이 협력모델 만들고 자율 질서를 만들어낸 기록이 안 남을 수 있어요. '국가가 꽂아주는 방식이 아니면 안 된다.' 이런 기록으로만 남는 게 안타까워요.

■ **김명희** 그런데 솔직히… 진짜 꽂아주지 않으면 안 되지 않나요?

■ **임승관** 보편적이지 않다는 건 알아요. 몇 명의 사람들이 헌신적으로 일할 때 돌아가는 예외일 수도 있고요. 그럼에도 불구하고 선례로 남을 수 있는 기회가 좀 사라지지 않았으면 하는 마음이, 저와 제 동료들에게 있어요.

■ **김명희** 냉정하게 말하면 그간 병원들이 말을 너무 안 들은 것도 사실이었어요. 예를 들면 지방의 한 국립대병원이 있어요. 지역에서 제일 크고 산부인과가 있지만 분만은 안 해요. 분만을 하게 할 방법이 없어요. 국립대병원도 그런데, 어떤 민간병원이 호응을 하겠어요? 이런 감염병 상황에서도 자기네에게 손실을 끼칠 수도 있는 선택을 하라고 강제할 방법이 없는 거죠. 공공이 최소한 레버리지 역할을 할 수 있는 정도가 되지 않고서야 갖다 꽂는 방법뿐이지 않을까요.

■ **임승관** 꽂았을 때 어떤 일들이 일어날까요. 우리(경기도)도 병상이 다 차다 보니 한 병원의 어떤 환자를 다른 지역에 부탁해야 하는 상황이 생겼어요. 의사들이 다급하니까 중앙에, 긴급지원상황실에 전화했어요. 이건 좋죠. 지자체 15군데 따로 다 전화 안 돌려도 되니까. 그런데 답이 온 게 이거였어요. '경남에 있는 병원을 알아봐드리겠다'. 숨이 찬 사람을 경기도에서 경남으로? 꽂아준다

는 말이 전달체계 내에서 그런 문제가 있어요. 대구·경북에서 오는 환자를 받아달라고 하면 경기도 내 민간병원 동료 교수들이 제일 걱정하는 게 이거예요. "오다가 사망하지 않을까요?" 이들도 다 휴머니즘 있고 환자 살려야 한다는 사명감에 찬 의사들이에요. 환자들이 구급차 안에서 많이 나빠져요. 응급 의료, 중환자 의료는 근거리가 매우 중요해요. 권역응급센터를 두는 이유가 여기에 있죠. 푸시하고 내리꽂는 게, 병상 숫자만으로는 알 수 없는 어떤 사라지는 질서가 있다는 거예요. 되게 어려워요.

앞으로 상황은 어떻게 흘러갈까요?
혹은 어떻게 흘러가는 게 바람직할까요?
이 '사회적 거리두기'의 시간을 우리는 어떻게 보내야 할까요?

■ **김명희** 짐작하건대 콜센터 같은 종류의 소규모 유행은 당분간은 나올 거예요. 오스트레일리아에서 산불이 꺼지는 데 6개월 걸렸어요. 계속 지역사회 안에서 돌다가 우연히 조건이 맞으면 한 집단 안에서 수십 명씩 발생할 수밖에 없어요. 이런 추세에서 지금 현재와 같은 고강도 스탠드스틸 전략으로는 지속이 불가능해요. 정부가 완화하지 않아도 사람들 스스로 무뎌질 거예요. 언제까지 이렇게 긴장을 유지할 수 있을까요? 근데 긴장이 어느 정도 완화되면 다시 서지(surge)가 일어날 거고….

■ **임승관** 지자체 회의를 하면 도지사가 궁금하니까 물어봐요.

"얼마나 가는 겁니까? 방역 열심히 하면 빨리 끝낼 수 있습니까?" 저를 포함한 전문가들은 말해요. "그렇지 않습니다. 방역을 열심히 할수록 점점 늦게 끝납니다. 대신 가늘고 길게 갈 수 있습니다." 혹시 조금 당황스럽나요?

"3월 안에 끝날 거다" "날씨 따뜻해지면 좋아지겠지" "사회적 거리두기 몇 주 했으니 나아지겠지" 이런 희망의 말들, 솔직히 약간 순진한 기대예요. 대신 "함께 낮춥시다"라고 말할 순 있어요. 대구나 이탈리아에서 벌어진 일들을 최대한 막아야죠. 산발적인 발생은 계속 겪을 테지만 사회적 일상을 유지하는 선에서 관리하는 거예요. 바이러스 위험은 생각보다 가까이 올 거예요. 하지만 그렇게까지 무섭거나 놀랄 일은 아니니까 침착하고요. 관리 가능하다는 믿음 아래에서 시스템만 무너지지 않는다면, 이 바이러스 때문에 모든 삶이 위험하지는 않을 거예요. 인식의 전환이 어느 한순간 갑자기 되진 않겠지만 계속 우리 사회가 같이 노력해야 합니다.

■ **김명희** 아마르티아 센(빈곤·불평등 경제학자)이 헬스 케이퍼빌러티(health capability, 건강 잠재력) 이야기를 했어요. 무상 의료를 한다 해도 어떤 사람은 지식이 없고 정보가 없어서, 장애인은 갈 수 있는 수단이 없어서 못 누려요. 사람마다 가진 기회와 자원을 활용하는 헬스 케이퍼빌러티가 다 달라요. 그런 관점에서는 모든 사람들에게 매주 마스크 2개를 똑같이 나눠주는 것도 맞지 않아요. 우리 사회와 공동체를 지키는 데 자원을 어떻게 분배

해야 할까요? 한국이 잘살게 되면서부터 한 번도 제한
된 자원을 누구에게 먼저 줄 건지 함께 고민해본 적이
없어요. '여름에 폭염이 심하니 저소득층에게 에어컨을
지원해야 할까?' 같은 고민을요. 드라이브 스루도 마찬
가지예요. '병원 오갈 때는 자동차를 이용하라? 차 없는
사람도 많은데?' 이런 질문들을 우리 사회가 처음 맞이
했어요.

겨울 패딩을 입고 만났던 첫 대담이었다. 여름 반팔 티셔츠를
입고 다시 원고를 매만지는 지금 다시 되돌아보면, '설마' 하
던 비관적 예측이 슬프게도 완벽하게 들어맞았다. "3월 안에
끝날 거다" "날씨 따뜻해지면 좋아지겠지", 정말 순진한 기대
였다.

　　그렇게 팬데믹이 길어지는 동안 결국 사람들이 받아들
이게 된 개념이 바로 '억셉터블 리스크(acceptable risk, 수용 가
능한 위험)'다. 정확히는 '받아들이지 않고는 살지 못하게 된'
개념이다. 이를테면 2주간 하루 평균 신규 확진자 50명 이
상이 지속되지 않는 한 우리 사회가 기존의 '사회적 거리두
기'에서 '생활 속 거리두기'로 방역의 강도를 낮추기로 한 것
(2020년 5월 6일)이다. 병상 수가 턱밑까지 차오르자 퇴원 기준
도 완화시켰다. 'PCR(유전자 증폭) 검사 24시간 간격 2번 연속
음성' 기준을 버리고 '발병 후 10일 경과, 72시간 동안 임상증
상 없음'만 충족돼도 격리 해제가 가능토록 지침이 변경됐다
(2020년 6월 25일). 3월만 해도 쉽게 말 꺼내기조차 힘든 기준이
었다.

두 계절이 지나갈 동안 위험의 수준은 결코 낮아지지 않았다. 대신 위험을 판단하는 우리의 인식 수준을 낮추기로 했다. 그래야 살아갈 수 있기 때문이다.

2장 마음건강

— '뉴 노멀' 시대의 적정 불안감

변진경
김명희
임승관
박한선

2020년 3월18일 저녁 7시30분
서울 반포동 스터디카페 '토즈'

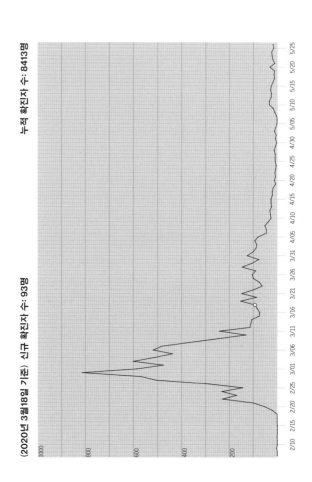

바이러스는 호흡기와 심혈관계, 순환계를 넘어 개인과 집단의 마음까지 공격한다. 방역 실패에 분노하고 전염원을 미워하고 남과 비교하며 주눅 들거나 우쭐대는 마음으로 2020년의 상반기를 보내왔다. 슬프게도 전 세계 어느 과학자와 의사도 아직 코로나19 종식을 입에 담지 않는다. 여러 과학적 시뮬레이션에 따르면 이제 겨우 팬데믹 초기를 지나갔을 뿐이다.

견디기 힘들어서 물었다. "코로나19 백신이 개발되기 전 우리 마음의 면역력을 높일 수 있는 마음 백신이라도 어디 없을까요?" 이 질문을 함께 다룰 첫 게스트로 박한선 서울대 인류학과 박사를 초대했다. 박한선 박사는 정신의학과 전문의이자 인류학 관점에서 전염병을 연구해온 신경인류학자이다. 〈마음으로부터 일곱 발자국〉(2019), 〈재난과 정신 건강〉(공저, 2015), 〈토닥토닥 정신과 사용설명서〉(공저, 2018) 등을 썼다.

전염병이 개인과 집단의 심리에 미치는 영향에서부터 개학 연기의 타당성, 정치의 역할, 클럽이 붐비는 이유, 정의로운 분배에까지, 다채로운 주제를 넘나들며 이야기를 나눴다. 혹시나 기대하는 독자가 있을까 봐 결론부터 말하면, 마음 백신에 관한 해답은 나오지 않았다. 인간의 마음은 감염병 앞에서 생각보다 꽤 무력하다. 다만 우리 마음속 불안을 그대로 직시하는 것이 그 답을 찾을 출발점이 될 수는 있다. 만약 해답이 있다면 말이다.

지난 한 주를 어떻게 보냈는지부터 얘기해봅시다.

▪ **박한선** 힘들었어요, 굉장히 (웃음). 아이를 돌보면서 일해야 했

어요. 대학이 문을 닫았고 연구실도 재택 연구로 바뀌
었어요. 처음으로 동영상 강의를 촬영했어요. 아내가
밖에 일하러 나가야 해서 초등학생 두 자녀 양육도 도
맡았고요. 보통 같으면 부모님에게 부탁드릴 텐데 연세
많은 분들은 치사율이 높으니 차마 부탁하기 어렵더라
고요.

■ **김명희** 아버지가 입원했다가 퇴원하셨어요. 원래 데이케어 센
터에서 안 받아준다기에 걱정했는데 다행히 받아줬어
요. 가족들이 한숨을 돌린 상태예요.

**모든 가정에 돌봄 비상이 걸렸네요. 초중고 개학도
계속 연기되고 있고요. 개학 연기는 타당한 결정일까요?**

■ **김명희** 네트워크 분석학자인 니컬러스 크리스태키스 교수 말
에 따르면, 그간 과학적 근거를 볼 때 휴교가 유행을 차
단하는 데 효과적일 수 있어요. 특히 인플루엔자 유행
때 그랬어요. 아이들 간 전염뿐 아니예요. 미국에선 대
부분 부모가 아이들을 학교에 데려다주며 서로 접촉해
요. 그런 걸 차단할 수 있기 때문에 굉장히 중요한 전파
차단 핵심이라고 했어요.

한편으로 동의하면서도 찜찜한 구석이 있어요. 아이들이 집
에 있다는 건 부모들도 다 집에 있다는 것이고 그러면
지역사회가 저절로 '스탠드스틸(standstill, 이동 제한)'이
된다는 의미인데, 한국은 꼭 그렇지는 않잖아요. 콜센
터 여성 가장 사례도 나오고 학교 비정규직, 돌봄 공백

얘기도 나오고 있어요. 그렇게 쉬운 문제가 아니예요. 학술적으로 타당한 것과 현실에서 어떻게 작동할 것인가에 대한 충분한 고려, 또 그것을 전달하는 언론의 태도가 어느 때보다 중대한 시점 같아요.

임승관 우리가 그나마 알고 있는 건 인플루엔자의 경우예요. 코로나바이러스에 대해서는 잘 몰라요. 지금까지 알려진 바에 따르면 아이들은 코로나19에 걸려도 많이 안 아프다고 하지만 이런 것이 과연 의료적으로, 역학적으로 어떤 의미가 있는지 사실 아무도 답을 몰라요. 그러니 휴교의 가치가 어떤지도 잘 몰라요. 언젠가 어느 시점에는 항체 연구를 통해 알아내야 할 테지만, 아직은 아이들이 얼마나 걸렸는지, 학원·PC방에서 얼마나 퍼지는지, 걸려서 어른들에게 전파했는지를 몰라요. 몰라서 어렵고요.

다만 분명한 건, 어쨌든 코로나19는 계속 진행되고 있다는 거예요. 유행의 확산 면에서는 휴교를 선언한 시점보다 뒤 시점의 상황이 나쁠 거예요. 이제까지 개학을 세 번 미뤘는데 항상 그 전보다 뒤가 나빠졌잖아요. 두 가지 중 하나를 택해야 해요. 보건의료적 이득을 택할 것인지 사회경제적·교육적 이득을 택할 것인지. 두 가지를 다 얻을 수 없어요. 어느 것 하나를 선택하면 다른 하나는 손해를 볼 거예요. 그것을 어떻게 하면 최대한 메울 수 있을까. 지금은 이 전략을 짜고 위기 소통을 하는 시간인 것 같아요.

박한선 개인적으로 개학 연기를 좀 더 과감하게 진행하는 게 맞다고 생각해요. 어린 아이들 감염률과 치명률이 낮아서만은 아니에요. 우리 사회가 뭘 더 중요하게 여길까에 대해, 이제까지 우선순위가 잘못되어 있었어요. 아파도 출근해야 하고, 다리가 부러져도 출근해서 일을 열심히 하면 무슨 부상 투혼이니 멋지니 하면서 칭찬해주는 분위기였잖아요.

학교도 마찬가지예요. 개학이 너무 미뤄지면 시험을 못 본다, 방학이 짧아진다, 수능을 못 치르게 된다…. 이런 자잘한 스케줄을 맞추기 위해 전전긍긍하고 있잖아요. 사실 초등학생, 중학생이 몇 달 정도 학교를 쉰다고 해서 큰일이 벌어지지 않아요. 전 국가적 위기 상황에서 우리 사회가 어떻게 대처하는가를 관찰하는 것이 어떻게 보면 산 교육이 될 수 있어요. 개학을 좀 더 길게 연기하고, 그걸 도저히 지탱할 수 없는 사회 분위기가 있다면 이참에 그게 바뀔 수도 있다고 봐요. 이렇게 심각한 팬데믹 상황에서 부모가 아이를 봐줄 수도 없는 환경이라면 도대체 우리가 무엇을 위해, 어떤 구조 속에서 일하고 있는 건가 되물어봐야 해요.

■ **김명희** 그러려면 보완책이 반드시 있어야 해요. 예전 메르스 때 지역아동센터도 문을 닫는 경우가 많았어요. 원래도 방치되는 아이들이었거든요. 맞벌이하는 집이 대부분이고, 부모 둘 다와 함께 사는 경우도 별로 없고요. 그런 아이들이 유일하게 저녁 식사를 해결할 수 있는 곳이 지역아동센터였어요. 미국 등 다른 나라 연구 결과를 보면 학교 다닐 때보다 방학이 지난 후 아이들의 성

적 격차가 확 커진다고 나와요. 팬데믹으로 개학 연기
가 두세 달 지속되고 나면 시험 성적은 물론이고 아이
들의 돌봄·교육의 질에서 불평등이 커질 게 불 보듯 뻔
해요. 최소한의 사회적 보완책이 없다면 이런 문제들이
쌓일 것이라고 봅니다.

■ **임승관** 개학 문제에 대해 보건의료적 관점에서 생각하자면, 이
런 문제들이 보여요. 아이 돌봄의 경우 맞벌이 학부모
들에게 지금 두 가지 정도 선택지가 있는 듯해요. 하나
는 태권도 학원으로 대표되는 사교육 체계에 맡기는
것, 그리고 다른 하나는 조부모에게 맡기는 것. 첫 번째
는 유행의 증폭을 야기해요. 두 번째는 취약군의 감염
을 야기하죠. 어느 쪽도 사실 좋지 않아요.

■ **박한선** 학원이 됐든 방과후 학교가 됐든 아이를 돌보는 서비스
는 결국 사람이 해야 하는 일이에요. 사람이 모이지 말
라고 개학 연기를 한 건데, 그래 봐야 누군가는 또 리스
크를 안고 그 일을 해야 해요. 그 분조차 어떤 아이의
부모일텐데, 그 분 아이는 또 누가 돌보나요. 기본소득
이다 뭐다 이야기가 많은데요, 예산을 투입할 거면 맞
벌이 부부 중 한 명이 집에서 전업으로 아이를 돌볼 수
있게끔 상황을 만들어줘야 한다고 봅니다. 소득 보전을
해주든 강제로 회사에서 이를 시행할 수 있게끔 지원해
주든 해서요. 발상의 전환이 필요해요.

국내에서도 계속 집단 감염이 확인되고 있습니다.
지난주에는 특히 소금물을 신도들 입에 분무하다가 확진자가

속출한 은혜의강 교회가 사람들의 미움을 많이 받았죠.

▪ **박한선** 은혜의강이나 신천지나, 사회적으로 인정받지 못하는
집단인 건 맞아요. 그렇다고 해서 무조건 돌팔매를 받
아야 하는 천하의 불한당인 존재는 아니에요. 사회적
비난이 너무 심해요. 다른 사람들도 위축될 수밖에 없
어요. 이것에 대해 아무도 얘기하지 않고 있어요, 지금.
지금은 신천지지만 다음번엔 또 어디가 될까요? 이런 식의
분위기가 굉장히 병적이라고 생각해요. 프랑스 문학평
론가이자 인류학자인 르네 지라르가 '희생양'을 이야기
했어요. 세상에는 알 수 없는 재난과 불행이 늘 생겨요.
인간의 숙명이죠. 사람들은 어디에든 책임을 묻고 싶어
해요. 그 대상은 대개 국가예요. "이게 나라냐"라는.
감염병일 경우 특정 소수집단으로 가는 경향이 커요. BIS
(Behavioral Inhibition System, 행동 억제 체계)라는 개념이 있어
요. 나와 다른 집단, 외모가 다른 사람, 다른 종교를 믿
는 사람, 특정한 성적 행동을 보이는 사람, 성소수자들
을 배척하고 비난해요. 에이즈 때 심각했죠. 지금도 똑
같아요. 이것에 대해서 아무도 브레이크를 안 걸어요.

▪ **임승관** 신천지의 경우 보건학적 관점과 정치학적 관점 두 개가
일치하는 면이 있어요. 실제 감염률이 높았어요. 그래
서 그들에 대해 강력한 정책을 구사하는 것이 낙인 집
단을 공격한다는 의미보다는 정당한 방역 정책으로 설
명될 수 있었어요. 의도한 건 아니라고 할지라도 자연
스럽게 방역의 목표와 일치하다 보니 국가는 더욱 손쉽

게 반(反) 신천지 정책을 채택하게 되고, 대중이 환호하
니 더욱더 강해졌어요.

방역 효과를 거둔 부분도 있지만 단점도 있었어요. 신천지 교
인 전수조사를 하면서 무증상·경증 감염자를 많이 찾
아낸 점은 좋아요. 문제는 제한된 병실 자원이 그들로
차게 되었다는 점이에요. 결과적으로 신천지든 아니든
중증 환자를 못 받게 됐어요. 그런 부분들이 더 살펴졌
어야 해요.

해외에서도 종교 집회를 통해 코로나19가 많이 확산됐어요.

■　김명희　신천지뿐 아니라 전 세계에서 종교 때문에 많은 사람들
이 방역과 관련된 고통을 호소하고 있어요. 말레이시아
에서 대규모 이슬람 집회가 열렸다가 난리가 났고, 프
랑스도 복음주의 행사로 홍역을 치렀죠. 이란은 아예
모스크를 다 닫았고요. 처음 본 풍경이었죠. 현대 국가
에서 종교가 얼마나 자율성을 가지고 믿음의 체계를 유
지할 것인가, 세속의 룰을 얼마나 따를 것인가, 이런 질
문들이 떠오르고 있어요.

신천지가 부각된 원인 중에는 주류 기독교로부터의 공격도
있는 듯해요. 약간 '내 그럴 줄 알았다'는 식의 분위기가
있달까요? 어쨌든 종교가 세속의 룰을 어떻게 따라가
고 사회와 같이 갈 것이냐에 대해 이번 사태가 중대한
질문을 던진 게 아닌가 싶어요. 흔히 페스트 때문에 중
세가 끝났다고 하죠. 당시 교회에 다들 모여 구해달라

기도했는데 그것 때문에 페스트가 더 많이 전파되기도
했고요. 21세기에도 여전히 감염병 국면에서 종교가 굉
장히 독특한 역할을 하고 있다는 측면에 대해 더 생각
해 볼 여지가 있어요.

■ **박한선** 종교는 내적 논리가 있어요. 그걸 외부에서 옳다 그르
다 판단하기 어렵고요. 물론 신천지는 기존 종교와 많
이 다른 면이 있지만, 그럼에도 불구하고 종교의 내적
논리를 외부의 시선으로 섣불리 단죄한다고 문제가 해
결되진 않아요. 신천지가 코로나19를 한국 사회에 퍼트
리겠다는 악의를 가지고 문제를 일으킨 건 아니잖아요.
그냥 거기서는 종교적인 의례를 그렇게 할 뿐이에요.

■ **임승관** 신천지나 은혜의강 교회에서 코로나19가 확산된 것은
우연이죠. '우연'을 다른 용어로 말하면 '확률'입니다.
감염이 확산될 가능성이 상대적으로 더 높은 그룹이고
공간인 거죠. 예를 들어 묵언 수행을 하는 법당, 조용하
게 미사를 지내는 성당이 있는가 하면 찬양을 많이 하
는 복음주의 교회도 있고, 신천지처럼 수천 명의 교인
들이 하얀 셔츠를 입고 다닥다닥 붙어 앉아 예배를 보
는 열성종교 그룹도 있어요.

신천지에 대한 손가락질처럼, 계속 이렇게 서로 미워하고
비난하는 분위기가 이어질까요? 희생양 찾기,
낙인찍기가 끝난 뒤에는 어떤 집단심리가 발생할까요?

■ **박한선** 보통 감염병이 퍼지면 희생양 찾기 단계에서 끝나요.

희생양을 찾아서 처벌도 해요. 문제가 생겼고, 벌 받을 사람 찾았고, 처벌을 했으니 모두 해결되었다고 끝맺어요. 그런데 심각한 팬데믹, 흑사병이나 스페인 독감이 일어났을 때에는 좀 달랐어요. 마지막 단계로 사람들이 무덤덤해지는 상태에 빠졌어요. 심각한 불안이 장기간 지속되면 무감각해져요. 예를 들어, 학대를 심하게 당하는 아이나 가정이나 직장에서 트라우마가 심한 사람들을 떠올려 보세요. 처음에는 저항하다가 어느 정도 수준을 넘어가면 그냥 받아들이게 돼요. 그게 생존 전략이에요.

코로나19도 같은 길을 걸을 거라는 생각이 들어요. 흑사병, 스페인 독감 돌았을 때 주변 사람들 다 죽어나가는데도 사랑도 하고 결혼도 하고 자식 낳고 다 했어요. 그렇게 될 거예요. '뉴 노멀(New Normal, 새로운 정상 상태)'이죠.

사실 그게 좀 더 걱정이예요. 사람들은 지금 당장의 삶, 조금 어려운 말로 '패스트 라이프 스트래티지(Fast Life Strategy, 빠른 생애사 전략)'를 택할 거예요. 전쟁 시기나 미국 슬럼가 등에서 나타나는 심리현상이에요. 장기적 미래 예측이 가능할 때와 그게 불가능할 때 삶의 방식이 달라져요. 예를 들어 올해 1년만 살 수 있다고 생각하면 삶의 방식이 아마 지금과는 조금 달라지겠죠.

코로나19 치명률이 낮음에도 불구하고, 감염력(전파력)이 높고 노출이 많이 되니까 사람들은 과장되게 생각할 거예요. 그래서 빠른 속도로 패스트 라이프 스트래티지로 갈 가능성이 있어요. 가설을 세워본다면 사람들이 더

순간순간의 향락 혹은 장기적인 계획을 세우지 않는 식
으로 갈 수 있어요.

지금 금값이 떨어지는 것도 그런 맥락으로 보여요. 현물 자산
에서 금이 얼마나 중요한데, 금보다도 지금 당장 손에
쥐는 현금을 원하는 거죠. 요새 강남의 클럽이 붐빈다
고 하는데 뭐, 꼭 나쁜 행동은 아닐 수 있어요. 그런데
왜 이 와중에 클럽을 더 가려고 할까요? 생각해볼 필요
가 있어요.

■ **김명희** 프랑스 사람들도 술집 폐쇄령이 나오니 (시행) 전날 수
만 명이 몰려나와서 술을 마셨다고 하잖아요.

코로나19의 존재감은 우리 역사, 인류사에 얼마만하게 기록될까요?
우리나라 역사로 치면 1997년 IMF? 1950년 한국전쟁? 그때에
필적하는 아니, 그때보다 더 큰 집단 심리의 변화를 겪게 될까요?

■ **박한선** 코로나19 팬데믹이 1~2년 간다고 해요. 가능성이 높아
요. 마법처럼 환자가 한 명도 안 생기고 '한국, 세계 최
초 완전 청정 국가 선언' 이런 일은 일어날 수 없어요.
조만간 코로나19가 존재하는 걸 일반적인 상황으로 받
아들일 가능성이 있어요. 그건 불안이 심각한 지금보다
어찌 보면 더 안 좋은 상황일 수 있죠. 덤덤한데 건강한
게 아니에요. 불안한 상태에서 무감각해지는 거예요.

■ **임승관** 장기적으로 맞는 말이지만, 당장 우리가 목격할 현상
과는 거리가 있다고 봐요. 무감각해지는 순간은 적어
도 내 가까이에서 위험을 인식할 때일 거예요. 아직 사

람들은 바이러스는 위험하게 생각하면서 내 가까이 올 수 있다고는 생각 안 해요. 오늘까지 누적 확진자 수가 8500명 정도인데 한국 인구의 0.02%도 안 되는 수치예요. 내 가까이에서 보기가 어렵고 뉴스에서나 보이는 숫자죠, 아직은. 적어도 50만 명, 100만 명 될 때쯤, 그러니까 내 친구도 걸리고 친척도 걸릴 때쯤 한층 더 현실적인 공포로 다가올 거예요. 그때서야 박한선 박사님이 말씀하신 현상을 목격하지 않을까 싶어요. 그게 보름 뒤일지 한 달 뒤일지 두 달 뒤일지 모르지만요.

그때가 되어도 무덤덤해지지 않고 침착함을 찾아야 해요. 불안감, 공포, 적(敵)을 찾는 마음에서 침착한 마음, 평정심으로 돌아온다면 그 사회는 잘 극복해낼 거예요. 무관심·회피 같은 부정적 방어기제로 간다면 우리 사회가 좀 더 걱정스러운 방향으로 갈 거고요.

침착해지려면 어떻게 해야 할까요?

■ **박한선** 전염병 대유행에서 침착하기란 사실상 불가능해요. 중요한 건 '노멀 앵자이어티(normal anxiety, 적정 불안감)'예요. 무덤덤해지는 이유는 불안이 너무 높다 보니 회피하기 위해서예요. 적당한 불안을 인정해야 해요. 문제는 이 상황에서 적정 불안감이 어느 수준일지 아무도 모른다는 거예요. 코로나19 팬데믹에서 우리는 어느 수준으로 불안해야 하는지 저도 잘 모르겠어요.

예를 들어 코로나19 치명률이 70%라면 이 인터뷰 자리에 안 나와요. 아예 아무도 안 만날 거예요. 그게 그 상황의 '노멀(normal, 정상)'이죠. 코로나19에 어느 정도 수준까지 불안해야 하는지 단언할 수 없어요. 확산 초기 사회 안정을 극단적으로 추구하고 아예 팬데믹을 부정하는 나라가 일본이라면, 마스크를 사기 위해 한없이 긴 줄을 서는 오버 리액션도 문제겠죠. 답은 모르겠어요. 중간쯤 어딘가에 있을 텐데요.

- **임승관** 침착하자는 말이 쉽지는 않아요. 그래도 이 시기에 위기를 겪고 있다면, 예를 들어 전쟁을 겪고 있다면 항상 침착하자는 메시지를 전달하고 그것이 달성 가능한 수준에서 최대한 추구돼야 한다고 생각해요. 개개인마다 그만한 인격과 수양을 갖고 있냐고 묻는다면 당연히 저 역시 자신 없어요. 하지만 사회라는 관점에서 볼 때는 달라요. '무인도에 갈 때 3가지만 가지고 갈 수 있다면?'이라는 질문을 이번 코로나19 위기에 빗대볼게요. 첫째는 기침 예절, 손 씻기와 같은 개인위생 준수. 두 번째는 좋은 정부, 즉 '정치를 하지 않고' 시민을 위하는 정부. 세 번째는 원활하고 세련된 위기 소통. 최소한 이세 개를 챙겨야 할 것 같아요.

- **박한선** 임승관 선생님 말씀을 정리하자면, 정서적 불안과 인지적 불안을 나눠서 보는 거라고 할 수 있죠. 정서적 불안은 없앨 수 없어요. 바이킹 같은 놀이기구를 탔는데 정서적으로 편안하다면 그게 이상한 거죠. 속으로는 불안해도 겉으로는 사진을 찍고 신문도 보는 척하며 재미있는 사진을 찍는 경우가 있는데, 이렇게 인지적으로 행

동 조절을 할 수 있느냐 없느냐의 차이예요. 그런데 이 게 오래는 못 가요. 특히 압도적인 불안에서 대부분의 사람들은 그렇게 못해요.

팬데믹이 장기화되면 전체 인구집단 내에서 불안감이 과도 하게 올라가면서 병적인 반응이 나오기 시작할 거예요. 그걸 계몽이나 계도나 정부 시책으로 바꾸기는 매우 어 려워요. 그래서 가장 필요한 게 백신 개발이에요. 여기 다 에너지를 더 할당해야 해요.

또 의료자원을 코로나19에만 쓰면 다른 중증 환자 사망률이 높아져요. 에볼라바이러스 때 그랬어요. 콩고에서 에볼 라바이러스의 전파를 막기 위해 모든 에너지를 썼는데 에볼라는 막았지만 다른 요소로 인한 국가 전체 사망률 이 더 높아졌어요.

■ **김명희** 피할 수 없는 위기를 사회적으로 설득하는 게 좋은 정 치고, 그 일이 정부만의 책임은 아니예요. 국회·야당도 있고, 전문가 집단도 있고, 노동조합·기업도 있어요. 이 들이 어떤 종류의 리더십을 발휘해서 좋은 정치를 만 들어갈 것인가가 관건이에요. 감염병 확산을 막기 위해 재택근무를 하려면 기업이 호응해야 하는 거고, 이걸 설득할 수 있는 제도화도 뭔가 있어야 해요.

내면의 불안감까지는 어떻게 못 해도 최소한 그것들이 증폭 되는 길로 나아가지 않게 최소한 인지적 불안을 낮추는 차원에서라도 좋은 정치의 역할은 정말 너무나 중요해 요. 최근 미국 트럼프 대통령이 '차이니즈 바이러스'라 는 말을 사용하며 중국을 비난했어요. 그런 다음 미국에 사는 중국인이 테러를 당했어요. 이렇게 불안을 점점 '에스컬레이션(escalation, 단계적 확대)'하면 얻을 수 있는 게 아무것도 없어요. 정치의 문제를 단순히 정치인의 문제 혹은 정치적 쟁투로 바라보는 시선이 사태를 더 악화시킬 수 있어요.

■ **박한선** 불행하게도 어떤 정치 체계도 팬데믹을 제대로 컨트롤할 수 없어요. 완벽한 철인정치가 아닌 이상에야.

결국 우리는 코로나19에 질 수밖에 없을까요?

■ **임승관** 이길 수 없는 게임은 맞아요. 상대가 너무 강해요. 우리는 한국의 2부 리그 팀인데 FC 바르셀로나나 레알 마드리드와 붙는 것인지도 몰라요. '1-0으로 질 거냐 2-0으로 질 거냐' 같은 게임이죠. 한번 이겨보겠다고 무리한 전략을 짜다가 5-0, 10-0으로 지면 트라우마가 남아요. 수비 전략, 체력전으로 2002 한·일 월드컵 때처럼 전략을 잘 짜면 어쩌면 져도 1-0으로 질 수도 있고 운 좋으면 무승부가 될 수도 있어요. 또 1-0으로 지면 진 거냐? 그렇게 생각하지 않아요. 이 싸움은 토너먼트가 아니고 리그전과 같아요. 한 게임 한 게임 이길 수도 있고 질 수도 있지만 그런 리그 안에서 상처입지 않고 무너지지 않고 다음 경기를 준비하는 게 더 중요해요.

■ **김명희** 지는 싸움이라는 표현도 적절하지 않아요. 지구에서 가장 많은 생명체가 박테리아이고 인류는 한 번도 감염병의 병원체, 미생물에 대항해 이겨본 적이 없어요. 그렇

다고 서글픈 패배? 이런 뉘앙스일 필요는 없어요. 인류
는 항상 져왔고 미생물은 원래 더 힘이 세요.

- **박한선** 인류가 지금까지 다 합치면 500억 명이 살았고 그중에
현재 70억 명이 살아 있어요. 죽은 인류의 원인을 조사
해보면 70%가 전염병으로 죽었어요. 전쟁으로 죽은 사
람은 생각보다 많지 않아요. 매년 말라리아로 죽는 사
람이 세계에서 100만 명, 한국에서 결핵으로 죽는 사람
이 매년 1800명, 세계적으로 매독으로 죽는 사람이 매
년 10만 명이에요.

이미 우리는 감염병에 걸려서 죽어왔어요. 다만 무덤덤해졌
을 뿐이죠. 코로나19가 그렇게 될 가능성도 있는데 그
게 좀 무서워요. 말라리아는 모기를 잡으면 되고, 약도
있어요. 지금 말라리아로 죽는 건 의료자원의 적절한
배분이 안 되어서죠. 병원이 없는 아프리카에서 죽는
거지 의사가 약을 주면 안 죽어요. 불평등 때문에 죽는
건데, 코로나19는 현재 치료약도 백신도 없어요. 바로
이게 신종 바이러스의 무서움이에요.

박한선 박사님은 '결국 백신을 기다리는 수밖에 없다'는 입장이네요.
백신을 기다리는 동안 우리는 무엇을 할 수 있을까요?
무엇을 해야 할까요?

- **임승관** 백신이 가장 결정적 희망이라는 것은 만고불변의 진리
이겠으나 평범한 개인은 그것에 영향을 미치기 어려워
요. 그렇다면 백신을 기다리는 동안 우리는 뭘 할 수 있

을까요. 공공병원 운영에 참여하는 처지에서 종종 이런 생각을 해요. 공공의료가 만들어지는 데 시스템(체계), 문화, 사람이 필요해요. 아래로 갈수록 어려워서 사람을 통제하기가 가장 어려워요, 문화를 만드는 건 그것보다 낫고요. 어쩌면 체계가 가장 쉬운 것 같아요.

앞으로 1년이든 2년이든 백신이 나오기까지 체계를 만드는 데 집중할 수 있지 않을까요. 거칠게 말해, 대구에서 사람들이 생명을 잃어가는 게 모두 코로나19 때문일까요. 자원이 적절하게 분배되게 만드는 체계에 집중하면, 또 정부와 시민사회가 같이 힘을 합치면 좀 비길 수도 있지 않을까요.

■ **김명희** 백신이 개발될 때까지 손 놓고 있을 수는 없어요. 당장 공공의료 병상 배분, 마스크 배분, 인력을 어디로 보낼 것인가 모두 자원의 할당과 관련된 이슈예요. 자원을 어떻게 정의롭게 할당할 것인가는 정치학과 철학의 오랜 이슈였어요. 현실에서 항상 바람직하게 작동한 것은 아니지만, 이번만은 최선을 다해서 정의롭게 분배될 수 있도록 만들어야 해요. 정부 혼자 할 수 없어요. 다양한 사회 행위자들의 목소리가 정의로운 원칙대로 최대한 따라갈 수 있도록 압력을 가하고 지지하는 것이 필요해요. NGO든 정치운동 단체든 봉사 조직이든 시민사회가 같이 가지 않으면 할 수 없는 부분이에요. 시위를 전문으로 하는 곳부터 도시락 배달을 하는 곳까지. 역설적으로 다 같이 살 수밖에 없다는, 연대의 중요성을 일깨우는 계기이기도 해요.

■ **임승관** 백신이 분명 히어로지만, 백신이 보급된다고 해도 그것이 과연 무한정일까요? 분명히 유한할 건데 그러면 과연 백신은 어떻게 분배돼야 할까요? 한 국가 안에서 혹은 전 세계적으로? 선착순인가요, 지불하려는 비용순인가요? 어린이에게 먼저 놓아야 하나요, 아니면 어르신들을 우선순위로 해야 하나요? 엄청나게 질문이 많아질 거예요. 백신이 중요한 건 맞고 최고의 무기인 것도 맞지만 기다리는 자세가 어떻게 보면 더 중요하지 않을까요?

■ **박한선** 또 하나 중요한 것, 언론이 취약계층을 계속 강조해 얘기를 해줘야 해요. 이런 상황이 벌어질 때 젊고 돈 많고 능력 있는 사람들은 방법을 찾아요. 저소득층, 장애인, 특히 정신장애인들은 상황에 대해서 판단도 못 해요. 평소에도 그런데 감염병이 돌 때는 행동이 어눌하거나 외모가 다르거나 위생관리가 안 되는 이들에 대해 편견이 극도로 커지기 때문에 사람들이 아예 접근을 안 하거든요. 이런 사람들이 소리 없이 죽어가기 전에 살펴야 해요.

■ **김명희** 2016년 경주에서 지진이 났을 때 2명이 죽었어요. 선로 보수하던 철도 비정규직 노동자들이었어요. 이번에는 감염병이지만 다음번엔 지진, 폭염일 수도 있어요. 어떤 위기든 그런 분들이 맨 앞에서 온몸으로 막고 있는 거라서 감염병에 특화된 대책이 따로 있지는 않을 거라 봐요. 사회의 취약한 환경에 처해 있는 사람들을 사회가 어떻게 대우하고 함께 살아갈 것인가에 대한 좀 더

근본적인 고민을 해보는 계기가 되면 좋겠어요. 그러면 그나마 코로나19로 희생한 대가로 얻는 학습이 되지 않을까 해요.

■ 임승관 코로나19 팬데믹을 올해, 내년 겪어내면서 중요한 건 그 과정을 잘 기록하는 일이라고 생각해요. 역사에 헌신, 배려, 이타, 희생, 책임의 사례를 남기느냐 못 남기느냐의 일 같아요. 2020년에 우리는 이 모든 문제를 해결할 방법을 몰라요. 다만 2030년, 2040년에 비슷한 일을 겪게 될 거라면 그때는 어느 정도 고민이 해소돼 있길 바라는 것이죠. 잘 기억하고 되풀이하지 않기를요.

■ 박한선 소설 〈페스트〉에서 장 타루라는 인물이 자율보건대를 만들어요. 주인공인 의사 베르나르 리유는 얘기해요. "자율보건대를 만든다고 해서 페스트 감염을 막을 수는 없다." 보건대가 하는 일이라고는 사망자 명단을 작성하고 죽은 사람을 무덤으로 옮기는 것 정도예요. 사람들은 두 부류로 나뉘었어요. 어떤 사람들은 향락과 술에 빠지지만 반대쪽에서는 감염을 막는 데 큰 도움이 안 되는 걸 알면서도 장 타루처럼 무언가를 하는 사람들이 생겨났어요. '어떤 마음으로 감염병 시대를 살아가야 할까'라는 질문에 그 누가 쉽게 대답해줄 수 있을까요. 그럼에도 불구하고, 우리에겐 할 수 있는 일이 분명 있을 거라고 생각해요.

사실 어떤 희망이라도 찾아보고 싶어서 대담 주제를 '마음건강'으로 잡았더랬다. 팬데믹 가운데에서도 우리가 밝고 건강한 마음을 유지할 수 있는 방법을 독자들에게 실용 정보처럼 전달해보고 싶었다. 그 목표는 사실상 실패했다. 대담 내내 계속되는 '팩폭(팩트 폭력)'에 귀갓길 택시 속 나는 거의 너덜너덜해져 있었다. '백신이 나오기 전까지는 절대 이길 수 없는 게임이라는 이 불편한 진실을 어떻게 독자들에게 잘 전달하지?' 싶어 머리가 지끈거렸다.

그런데 신기하게도 4월, 5월, 6월 시간이 지나고 코로나19의 장기화가 기정사실이 될수록 머릿속이 개운해졌다. 이날 받은 충격이 오히려 점차 마음을 침착하게 만들어줬다. 지금의 혼란과 마음 속 불안을 없애려고 노력하기보다 직시하는 것, 그 가운데 나만의 '적정 수준의 불안' 지점을 찾아보는 것, 내가 할 수 있는 일과 할 수 없는 일을 나눠보고 가능한 선에서 최선을 다해보는 것이 주는 마음의 안정감이 있었다.

내가 설정한 '내가 할 수 있는 일'은 기록이었다. 〈페스트〉 속 리유의 말을 빌리면 "기록을 남긴다고 해서 코로나19 감염을 막을 수는 없다". 하지만 2020년 팬데믹 현장의 기록을 잘 남겨서 내 후배, 내 후손에게 조금이나마 도움이 될 수 있다고 생각하면, 마음이 조금은 고요해진다.

3장 대구

— 애증의 도시가 공동체에 던진 질문

2020년 3월25일 저녁 7시30분
서울 중림동 〈시사IN〉 편집국 회의실

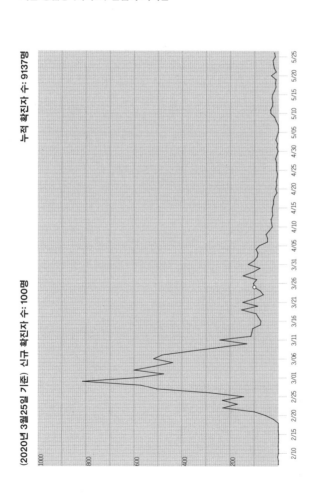

누적 확진자 수: 9137명

(2020년 3월25일 기준) 신규 확진자 수: 100명

대담 주제로 '대구'는 꼭 한 번은 다뤄야 했다. 코로나19 시대를 상징하는 혐오와 배제, 연대와 휴머니즘 한가운데에 대구가 있었기 때문이다.

2020년 3월, 수도권 병원 문 앞에 '대구 경북 출신·방문자 출입금지' 문구가 붙었다. 서울 자녀 집에 왔다가 확진된 대구 출신 감염자 뉴스에는 수천 개의 비난 댓글이 달렸다. "손절"이니 "투표의 결과"니, 여러 지역감정과 정치적 쟁투의 말이 코로나19에 얻어맞은 대구와 대한민국 사람들의 마음에 또 한 번 깊은 상처를 냈다.

동시에 사람들은 대구를 사랑했다. 텔레비전 속 캄캄한 풍경을 보고 눈물짓고 편지를 쓰고 선물을 포장해 대구로 보냈다. 많은 의료인이 대구행 기차를 타고 가 병원 안팎에서 숱한 날밤을 보냈다. 그들을 보고 감동받아 타지 시민들이 손을 보태고 그 손길에 또 감동받아 대구 사람들이 보답하기를 반복했다. 이 이해하기 힘든 애증의 용광로는 대체 무엇일까. 이것이 끓고 난 다음 대구와 대한민국에는 무엇이 남게 될까.

현장의 목소리가 필요했다. 김동은 계명대학교 동산병원 이비인후과 교수가 그 역할을 맡아줬다. 대구·경북 인도주의실천의사협의회(인의협) 기획국장이기도 한 김동은 교수는 본업인 이비인후과 진료를 이어가면서 대구동산병원과 달서구 선별진료소 등에서 코로나19 봉사 활동에 참여하고 있었다. 눈코 뜰 새 없는 와중에도 대담 참석 요청에 흔쾌히 응해주었다.

만남을 약속한 날 오후, 김동은 교수는 네 건의 수술을 마치고 서울행 저녁 기차에 몸을 실었다. 기차 한 칸에 두 명이 앉은 텅텅 빈 기차였다. 〈시사IN〉 편집국 회의실에 앉자마자 김 교수는 책상 위에 노트 한 권을 꺼내서 폈다. 장장마다 빽빽하게 메모가 적혀 있었다. 대구에서 보고 듣고 느낀 코로나19의 기록이었다. 세월호 어머니들이 보내준 핸드크림에서 대구시의 캐치 프레이즈 '메디시티'까지, 인도주의에서 최대집 의협 회장까지, 넓고 깊은 대화가 오갔다. 대담 장소가 서울역에서 도보 15분 거리이기에 망정이지, 길어진 대담에 김 교수는 하마터면 밤 11시 대구행 막차를 놓칠 뻔했다.

지난 한 주 어떻게 보내셨나요?

- **김명희** 시골에 가서 콩과 감자를 심었어요. 아는 분에게 밭을 얻어 농사 기술을 익히려고 했는데 코로나 때문에 2주를 미루다가 지난 주말에야 겨우 가게 됐네요. 시골에 가니 딴 세상이더라고요. 사람이 안 다니니 마스크도 안 써도 되고 날씨도 봄날이고 너무 좋았어요. 지금 미국에서는 총이 엄청 팔리고 있다고 하던데…. 혹시라도 있을 식량난이나, 자기 걸 지켜야 한다는 불안 때문에요. 미국 사람들은 총을 사재기하지만 저는 한 줄기 감자와 콩을 심었네요.

- **김동은** 강원도지사 감자(코로나19 피해 농가를 돕기 위해 도지사가 전국 판촉에 나섰다. ― 편집자 주) 말고 김명희 선생님 감자를 사야겠네요.(웃음).

- **임승관** 지난주 국내보다 해외 상황이 더 심각해지면서 외국에 나가 있던 지인들이 많이 돌아왔어요. 한국이 가장 안

전하다는 판단을 우리 국민들도 하고 외부에서도 듣는
데, 실제 개인사에 접해지기도 하네요.

김동은 교수님은 코로나19 이후 대구에서 어떤 일상을 보내고 계신가요?

- **김동은** 일주일에 세 번 외래진료, 두 번 수술을 하고 나머지 시
  간엔 대구동산병원 코로나19 병동과 달서구 선별진료
  소에서 자원봉사를 뛰고 있어요. 대구·경북 인의협에
  서 3월2일부터 선별진료소 4군데를 만들었어요. 의사
  1명, 간호사 3명씩 팀을 이뤄 드라이브 스루 검체 채취
  를 돕고 있어요.

  거기서 제가 주로 맡은 역할은 전국 각지에서 온 의료인들 순
  서를 짜는 거예요. 또 국민들이 보내준 선물을 병원과
  선별진료소에서 일하는 분들에게 배달하는 임무도 맡
  았어요. 어제는 대전에서 연잎밥 200개를 새벽부터 만
  들어 트럭으로 보내왔더라고요. 모락모락 김이 나는 걸
  교대 때 따뜻하게 드시라고 군 장병, 공무원, 의사, 간호
  사들 하나씩 갖다드렸어요.

제일 중요한 보급 투쟁 역할이군요.

- **김동은** 네, 후원 물품들이 엄청나게 많이 들어와요. 그리고 화
  요일, 토요일, 일요일은 코로나19 전담병원인 대구동산
  병원에 가서 간호사 역할로 일하고 있어요. 격리병동이
  다 보니 간호사들이 방호복을 입은 채 배식 등 모든 일

을 도맡아 하는 형편이에요. 간호사 일을 의사가 다 할
수 있을 거라고들 생각하지만 그렇지 않아요. 혈관 잡
는 거라든지 그런 일은 의사가 잘 못해요. 대신 환자들
에게 배식은 할 수 있잖아요?

배식은 매우 중요한 일이에요. 상식(常食)과 연식(軟食), 즉 밥
과 죽으로 나뉘어요. 죽을 드려야 하는데 밥을 드리면
큰일 나요. 또 환자들이 답답하니까 자꾸 병실 밖으로
나오려고 해요. 그럴 때 방호복을 입고 쫙 째려보면 다
시 들어가세요(웃음). 그렇게 병동의 질서 유지 역할도
맡았어요.

**2~3월 대구에서 코로나19 확진자가 폭증했어요. 텔레비전이나
신문에서 본 대구는 거리에 사람도 없고, 시장이나 가게 문은 다
닫혀 있어요. 김동은 교수님이 현지에서 본 대구 풍경은 어떤가요?**

■ **김동은** 3·28 대구 운동이라는 게 있어요. 1960년 2·28 민주운
동에 빗대 대구시에서 제안한 운동인데요. 3월28일까
지 사회적 거리 두고, 손 잘 씻자고 온 거리에 현수막으
로 도배를 해놨어요. 3월28일까지 이제 나흘 남았는데
3월29일부터는 어떡할 건지 궁금하네요.

현수막 만들 돈으로 차라리 쪽방촌에 마스크와 손세정제부
터 구해주면 좋겠어요. 긴급 생계자금도 4월 총선 이후
주겠다고 하는데 말이 안 돼요. 오늘 시의회에서 한 시
의원이 이 부분에 대해 질문하니까 권영진 대구시장이
그냥 나가버렸어요.

그럼에도 불구하고 많은 대구 사람들은 여전히 딱 두 사람을 욕하고 있어요. 문재인 대통령, 그리고 신천지 교주 이만희예요. 중국인 입국을 안 막았다고도 아직 비난하고 있어요. 대구가 보수의 성지라고 하는데요. 보수라는 건 뭘 지킨다는 거잖아요. 그런데 사실 뭘 지키고자 하는지 모르겠어요. 이념적 보수가 아니라 특정 정파 지지에 머무르는 것 같아서 안타까워요.

■ **김명희** 대구에서 확진자가 많이 생겼을 때 '이게 광주였다면 어땠을까' 생각하지 않을 수 없었어요. 혐오와 차별이 더 걷잡을 수 없지 않았을까요? 코로나19 확산 초기 많은 국민들이 중국인을 혐오했죠. 그다음 유럽에서 아시아인 전체가 테러당하는 걸 보면서 '이건 아닌가 보다' 생각했어요. 대구·경북 시민들도 '내가 당해보니 이거 문제구나, 서럽구나' 이렇게 역지사지해보는 기회면 좋겠다고 생각했어요. 진짜 그렇게 되었는지는 모르겠지만요.

■ **임승관** 이동진 영화평론가가 말하길, "우리가 볼 수 있는 지옥이 있다면 네이버 댓글이 아니겠느냐"라고 말했어요. 너무 공감돼요. 벌어지는 일들과 그에 대한 국민의 반응을 보면서 불운하다는 생각을 계속 했어요. 운이 없어도 어떻게 이렇게나 없지? 일본에서 감염된 사람이 한국에 들어왔는데 하필 중국 국적이었고, 대규모 감염이 번졌는데 하필 그 지역이 대구였고, 또 신천지 교인이었고…. 한 사례, 한 사례가 모두 혐오와 차별로 이어질 수 있는 불운한 일들이었어요. 총선을 앞두고 '여기

에 또 정쟁이 개입될까' '한국 사회가 설마 이 정도일까'
했는데 바닥을 한 번 더 확인한 느낌이에요. 중앙정부
와 다른 지자체에서 대구를 돕느냐 마느냐, 환자 치료
나 의료서비스를 얼마나 어떻게 제공하느냐 하는 문제
가 정쟁 속에서 변질되는 과정을 봤어요. 보건학적으로
맞는 이야기를 해도 정치로 해석되거나 평가되는 일들
이 무섭고 안타까웠어요.

**대구·경북의 병원들이 비상 상태가 되면서 코로나19 양성이든 음성이든
적절한 치료를 받지 못해 사망하는 사람들이 발생했습니다. 특히 고(故)
정유엽 군(17)의 사망을 두고는 정치적 입장에 따라 견해가 갈려요.**

■ **김동은**　모두가 코로나19 음성이냐, 양성이냐에 올인하고 있
는데요, 논란의 핵심은 '코로나19가 확산되는 과정에
서 코로나19가 아닌 환자들이 이렇게 죽어도 되는가?'
여야 해요. 대구시의사회가 (영남대병원의 진단검사 오류를
지적한 중앙방역대책본부에) 발끈하며 "5700명 대구 의사
들이 좌시하지 않겠다"라는 성명서를 냈어요. 저도 그
5700명 중 하나인데 사실 공감이 잘 안 돼요. 그 학생
이 죽을 수밖에 없었던 시스템 문제를 얘기해야 하는
데, 왜 자꾸 의사들의 명예 실추 이런 식으로 연결하는
지 모르겠어요. (정유엽 군은 폐렴 증세가 악화되는데도 코로나
19 감염자일지 모른다는 이유로 병원에서 적절한 치료를 받지 못하
다가 3월 18일 영남대병원에서 사망했다. 영남대병원은 정군의 코
로나19 검사 결과 일부 양성이 나왔다고 밝혔지만 중대본과 서울대

병원, 연세대 세브란스 병원의 추가 진단 검사 결과 최종 음성으로
판정됐다. — 편집자 주)

- **김명희** 자꾸 공격하니 정부도 '음성이었다' '코로나19 아니다'
를 강조해서 발표하더라고요. 코로나19가 음성이더라
도 문제는 여전히 남는데 말이죠.

- **임승관** PCR처럼 아주 민감한 검사를 하다 보면 위양성(가짜 양
성), 위음성(가짜 음성) 이런 미결정 상태가 나타나는 것
은 너무나 자연스러운 일이에요. 검사에 오류가 나면
큰일이 나는 것처럼 방역 당국이 브리핑을 잘못한 면
도 있어요. "검사에 오류가 있어서 (해당 병원) 검사실을
폐쇄한다"보다 "검사의 신뢰도라는 것은 항상 100%가
아니다. 그에 대해 조사하고 조치하겠다"라고 했어야
맞아요.

대구 의료 현장의 상황을 정확하게 진단할 필요가 있어 보입니다.
2, 3월 대구는 진짜 의료체계가 마비된 상태였나요?

- **김동은** 2월 25일 진료를 보고 있는데 '5700명 대구시 의사들 궐
기하라'는 문자가 왔어요. 대구시의사회에서 발표한 호
소문이었습니다. 내용은 이래요. "우리의 사랑하는 부
모, 형제, 자녀들은 공포에 휩싸였고 경제는 마비되고
도심은 점점 텅 빈 유령도시가 되어가고 있습니다…. 응
급실과 보건소 선별진료소에는 우리의 선후배 동료들
이 업무에 지쳐 쓰러지거나 치료 과정에서 환자와 접촉
하여 하나둘씩 격리되고 있습니다."

국민들에게 심각성을 환기시킨 긍정적인 면도 있지만, 상당
히 과장되고 감정적이었어요. 의료가 붕괴되고 의사들
이 쓰러지고 있다며 국민들에게 불안을 줬어요. 그걸
보고 광주의 한 의사한테서 연락이 왔어요. "우리가 지
금 여기서 환자 볼 때가 아닌 것 같아요. 지금 출발할까
요?" 대구시 의사회 회원들이 다양한 자원 봉사 활동에
나서 큰 역할을 했어요. 다만 아쉬운 점은 자원봉사자
를 모을 때 봉사할 자리를 먼저 만든 뒤 호소해도 늦지
않았다는 거예요. "퇴근 후 진료소로 달려와달라" 해서
많은 개원의들이 봉사하러 왔지만 야간에 연 선별진료
소는 대구의료원 2곳뿐이고 거기에도 공보의가 있었어
요. 거점병원에 있는 것도 대부분 경증 환자들이라 파
견된 의사들의 역할이 애매했고요.

대구의 의료체계는 마비된 적이 없어요. 대구는 대학병원도
많고 병상 수만 보면 전국에서 인구 대비 가장 많은 도
시예요. 다만 응급실 폐쇄는 문제가 있었죠. 어떤 날은
오후 3시쯤 3개 병원이 연달아 응급실을 폐쇄했어요.
결국 칠곡경북대병원 하나 빼고 다 폐쇄된 상태였어요.
그럴 때 심근경색, 뇌졸중 등 골든타임을 다투는 환자
들이 위험해질 수 있었어요. 분명 위기는 맞았지만 그
럴 때일수록 정확한 판단이 필요했던 것 같아요.

코로나19로 이제까지 132명이 사망했어요(3월26일 기준).
대구·경북에서 그중 다수를 차지했고요.
무엇이 달랐다면 그 숫자가 줄어들 수 있었을까요?

▪ **임승관**　대구시에 생각할 시간을 줬어야 했어요. 지금 상황을 예상했고 제가 만약 중앙방역대책본부 처지에 있었다면 그 첫 며칠 동안 대구 환자를 외부로 빼줬을 것 같아요. 대구 확산 초기 무렵 국가 지정 입원치료병상 가동률이 30% 정도 됐어요. 한 100명쯤은 훈련된 곳에서 환자를 나눠 받을 수 있었어요.

　재난이 일어나면, 그 재난이 일어난 현장의 대응 체계는 외부에서 온 구조대와 분리되어야 해요. 도와주러 온 구조대원들은 단순한 작업, 환자를 받아서 치료하는 일을 하고, 그 재난이 발생한 지역이 할 일은 빨리 지역 거버넌스를 만들어 자발적인 체계를 수립하는 일이에요. 지역 안에 전문가, 교수도 많고 헌신적인 활동가도 많잖아요. 스스로 극복할 자기 안의 체계를 만들 시간을 줬다면 그 이후 결과가 조금 다르지 않았을까요. 숨을 돌리게 하고 작전을 짤 수 있는 시간을 줬다면요.

▪ **김동은**　대구에 병상은 많았지만 공공병상은 매우 적어요. 그걸 미리 간파하고 준비하지 못했던 게 아쉽죠. 2월 18일 대구에서 첫 환자가 나왔고 2월 20일 목요일 밤 11시에 긴급교수회의 개최에 관한 문자가 왔어요. 방역 당국과 지자체가 그때쯤 심각한 상황 인식을 공유한 것 같아요. 2월 21일 아침에 대구동산병원과 대구의료원을 감염병 전담병원으로 지정하겠다고 통보하고 환자 소개령을 내렸어요. 이렇게 급박하게 돌아가기 이전, 2~3주 전부터 다른 지역에서 환자가 발생해왔거든요. 그사이에 뭘 했어야 했을까요? 환자가 대량으로 발생했을 때

어떻게 입원시킬지 준비를 미리 했어야 하지 않나요. 역학조사관이 단 한 명이고 공공의료 인프라도 부족한 상태에서 전혀 계획이 없었어요. 다행히 동산병원은 신축한 새 병원이 있어서 기존 환자를 그리로 옮기면 됐어요. 대구의료원 환자들은 각자도생이었어요. 여기서 또 어려운 질문이 나와요. 코로나19 경증 환자가 위중할까요, 기존 중증 환자가 위중할까요?

대구·경북 인의협에서는 일찍부터 코로나19 경증 환자들을 입원시키지 말고 수련원 같은 곳에 보내자고 성명서를 냈어요. 사실 지금도 경증 입원 환자들 보면 딱히 해줄게 없거든요. 두 번 음성 나올 때까지 기다리기만 하는 경우가 허다해요. 그런 사람들이 먼저 와 입원해 있으니 그 뒤에 생긴 위중한 사람들이 입원을 못하는 문제가 가장 커요. 최대 2300명까지 밀려서 집에 머문 적이 있었죠. 전체 사망자 23%가 입원을 못하고 집에 있다가 돌아가셨어요.

■ **김명희** 이해가 안 되는 부분이에요. 어떻게 될지 모르는 거고 아직 여기까지 환자가 안 왔지만 만약 서지(surge, 의료 수요 급등)가 생기면 어떻게 할지 만들어뒀어야 하는데, 그걸 안 하고 기다리고 있었다는 게 놀라워요. 지금 미국 정부가 욕먹고 있는 부분이기도 하죠. '아시아에서 두 달 전에 이미 상황이 터져 난리가 났는데 그간 뭐 하고 있었느냐'와 비슷한 상황 같아요.

■ **김동은** 1월29일 대구시에서 관계 대책회의를 열어 대응 방안을 내놓은 적이 있어요. 그런데 거기에 병상에 대한 계

획은 없었어요. '예방 홍보전단지 제작·배포' 이런 것들만 있었어요. 첫 환자 발생 2주 전인 2월4일 권영진 대구시장이 직원 조회에서 이런 말을 했어요. "대구시는 메르스 확진자가 나왔을 때 대응이 가장 모범적이었다. 다른 시도의 방역대책본부에서도 그때 우리가 만든 메르스 백서를 기본으로 삼고 있고 중앙정부에서도 그렇게 하고 있다." 자화자찬이 아니라 병상 계획을 그때 짰어야 했어요.

- **김명희** 이번에 코로나19 유행이 지나가면 대구 시민사회에서 대안적 백서를 반드시 내야겠어요.

- **임승관** 대구를 보면서 드는 생각 중 하나가, 과연 나머지 16개 시도는 자기 일이라고 생각하고 있을까요? 단지 운이 좋아서 혹은 운이 나빠서 확률적으로 발생한 일들이고, 다른 데서 대구 같은 일이 일어나도 하나도 이상하지 않아요. 더 나아가면 지금 미국이나 유럽에서 일어나는 일이 왜 우리에게 일어날 거라고 생각하지 않을까요?

대구가 사실 이런 국가적 의료 위기에 유독 취약한 곳은 아닐 것 같아요. 나름 의료 인프라에 대한 자부심이 있던 도시였는데요.

- **김동은** 대구만의 문제가 아닌 거죠. 하나 있던 진주의료원마저 문을 닫은 경남 지역에서 대구 같은 확산이 있었다면 어땠을까요? 공공병원을 없애고 의료 인력을 줄여 사망자가 속출하는 이탈리아 상황이 우리하고 전혀 별개의 문제일까요? 이명박 정부 때 공공병원에 했던 일이,

경영평가를 해서 수익을 많이 내면 돈을 주고 수익 못
내면 지원하지 않는 거였어요. 사람들이 이탈리아 문
제는 이탈리아 얘기고 우리는 다르다고 생각해요. 대구
취약계층 의료를 담당해온 적십자병원이 2010년 폐원
할 때 대구시나 시의회나 누구도 신경 쓰지 않았어요.

- **김명희** KTX 타고 대구에 가면 늘 '메디시티' 광고를 봐요. 대
구에 의료기관 자체는 굉장히 많죠. 적십자병원이 폐원
한다고 했을 때 시민들은 '저긴 가난한 사람이나 가는
곳이니 나와는 상관없다'고 생각했고요. 그러니 조용히
닫히고 말았죠.

- **김동은** KTX가 생기면서 환자들을 서울로 많이 빼앗길 것 같
으니 지역 병원장과 당시 시장이 짜낸 아이디어가 메디
시티였던 것 같아요. 대구 의료 인프라는 훌륭한데 홍
보를 못한다는 용역 결과를 보고 메디시티라는 용어를
만들어 홍보했어요. 대구 시민들로서는 '그래 의료에선
여기가 최고구나' 했는데 이번에 보니 허상이었던 거죠.
공공의료에 관해 "'공공의료 강화'라고 얘기하지 말고 '제2
대구의료원, 제2 공공병원을 만들자'고 얘기하자"고 종
종 주장해왔어요. 그게 시민들이 이해하기 좋다고 생각
해서요. 시민들이 공공의료의 정의를 잘 몰라요. 와닿
지 않으니까요. 그래서 항상 "보건소 아시죠? 대구의료
원 아시죠?"라고 얘기를 시작해요. 사실 언론의 스포트
라이트가 민간병원인 우리 병원보다도 대구의료원에
맞춰져야 하는 게 맞거든요. 대구에 병상을 많이 가진
큰 국립대학 병원이 두 개나 있는데, 법인화되기도 했

고 여러 사정이 있었겠지만 이번 국면에서 좀 더 역할을 했어야 하지 않나 아쉬움이 남아요.

- **임승관** 국립대학교 병원은 공공의료기관일까요, 아닐까요. 과거에는 아니라는 쪽의 의견이 많았지만 지금 정부는 점점 국립대학 의료기관에 여러 혜택과 기회를 주는 방향으로 가고 있거든요. 당장 지역마다 800~1000병상 공공병원을 새로 짓는 건 어려운 일일 수 있어요. 그렇다면 국립대학 병원들이 공공의료 역할을 할 수 있는 제도적 장치가 많이 고민되고 세련되게 정책이 집행되어야 해요. 그런 곳들에 감염병 관련 기능을 붙여주는 게 가장 가까운 대안이 아닐까 싶어요.

지금 대구 코로나19 병동에서 일하는 노동자들 환경과 처우는 어떤가요?

- **김동은** 처음에 많은 간호사들이 영안실 옆에서 잠을 잤어요. 지금 그나마 개선된 게 6인실, 8인실 도미토리의 2층 침대예요. 병원 옆에 괜찮은 호텔이 있는데 빌려서 잠이라도 편하게 자게 했으면 좋겠어요. 후원물품과 후원금이 엄청나게 들어오는데 어떻게 배분되는 건지도 잘 모르겠어요. 의사, 간호사도 그렇지만 폐기물 처리하는 비정규직 노동자들도 걱정이에요. 그분들 쉬는 방을 한번 들여다봤는데… 마음이 안 좋더라고요.

- **김명희** 지난번 메르스 때 병원 간호사들 숙소가 마련되지 않아 자기 차에서 자는 사람들이 있었어요. 그나마 나아졌다고 해야 하나요.

■　**김동은**　소를 여러 번 잃었는데 외양간은 제대로 못 고쳤어요. 차에서 자는 사람들이 영안실 옆에서 자는 사람으로 바뀌었을 뿐이에요. 방호복이나 여러 안전 문제에 대해 현장에서 목소리가 나오는데 대부분 의사들이 내는 거예요. 필요한 이야기지만 의사가 제일 큰 목소리를 낼 수 있고, 간호사는 10분의 1 정도? 비정규직 청소 직원은 어디 얘기할 데도 없어요. 이런 이들의 목소리를 대신이라도 내주는 사람들이 있어야 해요.

대구 취약계층이 겪은 코로나19는 더 가혹했을 것 같아요. 갑자기 모든 경제·사회 활동이 중단됐을 때 어려움이 이만저만이 아니었을 텐데요.

■　**김동은**　확산 초기에는 중국 출신 이주민들이 집 밖에 잘 나가지 못한다는 이야기를 들었어요. 대구·경북 인의협에서 쪽방촌 주민들과 이주노동자 무료 진료소를 운영해오고 있었는데요, 완전히 문을 닫지 않고 원격진료를 했어요. 쪽방촌을 다녀보니 무엇보다 먹을 게 가장 필요하더라고요. 대구역 뒤쪽 무료급식소도 일찌감치 문이 닫혔다고 해요. 다행히 도시락, 컵라면 등 전국 각지에서 후원물품을 많이 보내주셨어요. 감사한 일이죠. 그런데 그걸 나눠줄 자원봉사자를 구하기가 힘들었어요. 직원들이 고생을 많이 했어요.

대구의 장애인 단체나 시설도 어려움을 겪었어요. 선별진료소를 차리고 나서 장애인 단체로부터 연락을 많이 받았어요. 1339나 보건소에 전화해도 연결이 잘 안 되어 답답하니 저한테 따로 전화를 많이 거시는 거죠. 장애인 의심환자나 확진자가 생기면 그들뿐 아니라 돌보는 분들도 다 격리해야 하는 문제가 있어요. 시설 내 확산도 매우 우려되고요. 이분들을 먼저 검사해야 한다고 아무리 말해도 당시 특정 종교인부터 먼저 검사를 해결해야 하는 대구시 정책이 있으니 우선순위에서 자꾸 밀리는 문제가 발생했어요. 발달장애인 같은 경우는 검사하러 모시고 나오는 것부터 쉽지 않아요. 장애인 확진자가 생기면 어딘가에 입원을 시켜야 하는데 병상이 부족해서 다른 지역까지 멀리 보내야 했고요. 거기에서 또 도와주실 분을 구하기도 어려웠고요. 앞으로 한 개 병동 정도는 장애인 확진자 전담 입원 시설로 사용하는 방법도 고려해봐야 하지 않을까 생각했어요.

어려움을 겪는 와중에 그래도 가장 많은 격려와
위로를 주고받은 곳이 또 대구였어요.

■ **김동은** 아마 우리 병원에 3년은 마실 수 있는 생수가 쌓였을 거예요. 모두 국민들이 보내주신 거죠. 힘내라는 동영상도 찍어서 핸드폰으로 보내주세요. 세월호 참사 희생자 은화, 다윤이 어머니는 선별진료소 자원봉사자들에게 핸드크림을 보내주셨어요. 간호사들 나눠주라고 마들렌 쿠키를 구워서 보내주시는 분도 있었고요. 군 장병들 잘 먹어야 한다며 한 의사분이 삼계탕을 쏘니까 장병 중 한 사람의 부모님이 다음 날 갈비탕을 보내왔

어요. 한 어르신은 선별진료소에서 진료를 마치고 가시
면서 "우리보다는 여기서 일하는 의사, 간호사들이 마
스크 부족하면 안 되잖아"라며 마스크 20여 장을 건네
려고 해서 겨우 말려 돌려보낸 적도 있어요.

■ **임승관** 경기도 공공의료원 중 한 곳인 우리 안성병원에서도 처
음에는 긴장도가 높다가, 언론이 주목할 때 뿌듯해하
다가, 무엇보다 진료를 받은 많은 사람들이 감사의 메
시지를 전할 때 가장 기운을 받았어요. 지난 두 달 사이
병원 직원들의 자부심이 굉장히 높아졌어요. 우리처럼
아주 급박하지 않은 상황에서도 이런 감동이 일어나는
데, 대구 의료인들은 더더욱 자기 일의 정체성과 자부
심을 발견하는 시기가 아닐까 생각이 드네요.

■ **김명희** 한국 사람들 아주 열정이 많아요. 따뜻하고, 찡하고….

김동은 선생님을 비롯한 여러 의사 선생님들이
'인도주의실천의사협의회'라는 단체 소속이신데요, 저는 이 단체 이름에
어폐가 있어 보여요. 의사는 당연히 인도주의자여야 하지 않나요?

■ **김동은** 〈중앙일보〉에서 어느 기자 분이 저희 단체에 대해 칼럼
을 하나 쓰셨어요. 회원 수 500명밖에 안 되는 인의협
이 박근혜 대통령을 끌어내리는 최전선에 있었던 좌파
단체라고 하더라고요. 우리가 그 대단한 일을?(웃음) 대
한의사협회(의협) 13만 회원 수와 비교하던데 그 13만
명에 저도 속해 있거든요. 과연 13만 의사들이 모두 최
대집 의협 회장과 생각이 같을까요? 최 회장이 최근 정

부를 상대로 요구사항을 들어주지 않으면 대구에 자원
봉사 나선 의사들을 철수시키겠다고 성명서를 발표했
는데요, 자원봉사 활동에 나선 사람 중 한 명으로서 정
말 화가 나고 명예훼손으로 고발이라도 하고 싶은 심정
입니다. 저와 다른 의사들은 최 회장이 시켜서 자원봉
사를 한 게 아니예요. 자기가 무슨 권한으로 자원봉사
단을 다 빼겠다고 얘기하는지요? 어이가 없습니다.

그간 의협의 행보를 포함해, 그동안 의사들이 국민들에게 걱
정을 끼친 게 정말 많거든요. 그럼에도 불구하고 이번
에 일선에서 노력하는 의사들을 염려해주고 걱정해주
는 국민들을 보면서 많은 생각이 들었어요. 이렇게 조
금만 잘하면 의사들이 충분히 사랑받을 수 있구나 하고
요. 저는 의사들과 국민들 간 관계가 끊어진 줄 알았는
데, 아니었어요. '어차피 아무도 우리를 존경하지 않으
니 차라리 이익단체로 가서 우리 이익이나 철저히 챙
기자' 하는 단체가 있고, 거기에 또 일부 의사들이 동조
해왔던 게 사실이죠. 그런데도 많은 국민들이 의사들이
의사다운 일을 할 때 염려해주고 걱정해주는 걸 보고,
저 스스로도 자기반성을 엄청 했어요. 그렇게 실망을
끼쳐드렸는데도 불구하고….

■ 김명희 우리 연구소에서 국제 시민사회를 대상으로 한국 상황
을 알리는 성명서를 쓰는데, 의협에 대해 뭐라고 설명
해야 할지 모르겠더라고요. 원래 의사들이 전 세계적으
로 보수적인 편은 맞아요. 그래도 우리나라 의협을 설
명하기는 상당히 어려워요.

■ **임승관** 휴머니즘이 사회를 바꿀 수 있을지는 모르겠어요. 그래
도 사회를 지키는 데는 본질적이라고 생각해요. 이번
국면이 그래도 의료의 본질이 휴머니즘을 바탕에 두고
있다는 것을 발견하게 된 계기였으면 좋겠습니다.

■ **김명희** 제가 레지던트 하던 1990년대 후반에는 그래도 기본에
대한 생각은 있었어요. 평소에 술 먹고 돌아다니던 친
구들도 '데모 하러 가자' 하면 안 오지만 '이주노동자 진
료하러 가자' 하면 '시간만 맞으면 가지 뭐' 하고 오는,
이런 게 있었어요. 의사라는 직종의 특수성도 있어요.
사회 엘리트 계층이고 지식과 권력과 부를 갖고 있으면
서 그 어떤 다른 사회 엘리트보다 사회 취약계층을 많
이 만날 수 있어요. 교수, 재벌 기업가, 펀드매니저가 아
프고 가난하고 손 곱은 사람들을 얼마나 만나겠어요?
의사들은 아픈 사람들의 고통에 대해 공감하고 전문적
옹호자가 될 기회가 상당히 많아요. 토대가 있지만 제
대로 전환하는 무언가가 없었는데 이번 기회로 많이 바
뀌었으면 좋겠어요.

■ **김동은** 처음에 인의협 선별진료소를 차리기로 하고 자원봉사
자를 모집하는 글을 올릴 때 약간 걱정이 됐어요. 한 명
도 없으면 어떡하지? 그런데 하루 만에 20명 넘는 분들
이 자발적으로 오겠다고 했어요. 인턴을 마친 1년 차 새
내기부터 백도명(서울대 보건대학원 교수) 선생님까지 달
려왔어요. 다 표정이 밝고 서로 먼저 하려고 하더라고
요. 직업의 원래 소명, 의사라는 직업에 대해 다시 한
번 생각해볼 수 있는 계기가 됐어요. 이번 주에 온 한

의사 후배는 2005년도에 학교를 졸업한 친구인데, 알
고 보니 내 수업을 들은 제자더라고요. 아무리 의사 인
성교육, 의료 인문학이 중요하다고 강조해도 사실 수업
시간에 학생들 다 자요. 강의 시간에 가르치는 것보다
이렇게 선배 의사들이 현장에서 보여주는 게 강의나 시
험보다 훨씬 좋지 않을까 생각해요.

■ 김명희 이번에 의사들이 전면에 등장했지만 사실 간호사가 훨
씬 더 중요한 역할을 하는데 조명이 잘 안 되는 문제도
얘기하고 싶어요. 간호사의 전문성과 노동자 정체성 두
가지가 충돌하고 있는 와중에 간호협회 등 단체를 주도
하는 사람들이 노동자 관점을 금기시해요. 노동자 이야
기를 하면 큰일 나는 줄 알아요. 노조 탄압하는 게 대부
분 수간호사들이에요. 간호사의 사회적 전문성을 획득
하는 길을 간호와 관련된 내부 엘리트들이 가로막고 있
는 형국이죠. 사실 의사는 환자들 직접 많이 안 보거든
요. 직접 환자를 돌보고 밥 가져다주고 머리 감겨주고
이런 일을 간호사들이 하고 있어요. 의사 그림자에 가
려지는 부분들, 이런 간호사들의 이야기가 이번 기회에
좀 더 조명받으면 좋겠어요.

이번 대구의 상처와 경험을 연대의 기억으로 남기려면 무엇이 필요할까요?

■ 김명희 앞서 대안적인 백서 얘기를 했는데요, 어떤 사회문제가
발생했을 때 사회정의나 연대 경험이 공지되는 게 굉장
히 중요해요. 존 롤스의 〈정의론〉에서 얘기한 '공지성

(publicity)'이죠. 다른 사람도 정의의 원칙을 지키고 있다는 게 알려지지 않으면 나만 손해 보는 느낌을 받아요. 연대의 경험도 단순히 따뜻한 사연 수준을 넘어 기록될 필요가 있어요. 대구시가 잘한 것만 포장해 남기지 말고, 잘한 게 뭐고 잘못한 게 뭐고 그걸 메우기 위해 시민사회가 어떤 노력을 했는지 기록으로 남겨놓아야 해요. 태안 기름 유출 사고가 났을 때 100만 명이 가서 기름을 닦았지만, 사회운동으로 전환되지 못하고 일종의 미담에서 끝나고 말았거든요. 대구에 구호품이 오고 따뜻한 시민들의 손길이 쏟아진 일에 대해 '불쌍해서 보내줬다'를 넘어 시민들이 어떻게 자발적으로 헤쳐 나갔는지 꼼꼼히 기록을 남긴다면, 그다음은 똑같지 않을 거예요. 대구 시민사회가 그런 작업을 해주기를 기대합니다.

■ **김동은** 전적으로 동감해요. 일반 시민들은 다른 지역이 혹은 스스로가 얼마나 어떻게 돕고 연대했는지 상세한 내용을 잘 몰라요. 기록을 남기는 게 정말 중요하죠. 또 하나 바라는 것은, 대구동산병원이 코로나19 전담병원이 된 김에 대구시가 인수를 해서 아예 공공병원으로 꾸렸으면 좋겠어요. 병원 이름을 살리면서 리모델링해 코로나19의 경험도 기억하고. 공간이 있어야 기억할 수 있잖아요. 전국에서 보내준 손편지를 다 보관해서 작은 박물관도 만들면 좋겠어요. 대구시 신청사 건립에 3000억원을 들이려고 하는데 그것보다 이게 더 중요하지 않을까요?

이후 대구는 다행히 코로나19 확산세가 진정됐다. 집단 감염
이 더 이상 확인되지 않고 오히려 수도권보다 안전한 지역이
되었다. 다만 2~3월 혐오와 연대가 동시에 끓어오르던 대구
가 '연대의 도시'가 되었으면 좋겠다는 소망이 그다지 가시적
으로 이루어지지는 않았다.

　　4월 15일 총선을 치르면서 대구는 정치적으로 더 고립
되었다. 대구에 파견되거나 자원봉사 간 타지 의료진에게 추
후 위험수당 등이 원활히 지급되지 못했다는 뉴스 기사에 '역
시 대구' 같은 조롱의 댓글들이 달렸다. 영안실에서 자고 병
원 화장실에서 빨래하며 코로나19 환자를 돌보던 대구 현지
간호사들은 한 푼의 보상도 받지 못했다. 코로나19로 인한
의료 공백으로 허망하게 사망한 고 정유엽 군의 부모는 서울
과 대구를 왕복하며 진상 조사와 재발 방지를 위한 기자회견
을 벌이고 있다. 대구가 고통 속에서 쏘아올린 공은 아직 연
대와 화합의 결말로 향하지 못했다. 지금까지는 그렇다.

　　그래도 여전히 기대는 남아 있다. "힘내라 대구, 힘내라
대한민국" 외치던 목소리들에서 분명 확인했기 때문이다. 대
구, 대한민국의 한 도시, 정치사회문화적으로 복잡다단한 감
정을 일으키는 우리 안의 타자에 대한 연민과 사랑이 우리 사
회에 분명 존재하고 있음을. 서로가 어려울 때 내가 너를 도
울 것이고 너도 나를 도울 것이라는 사실을. 그 기억을 잃지
않는다면, 2020년 2월과 3월의 대구는 분명 '연대의 기록'으
로 역사 속에 남을 수 있을 것이다.

4장 학교

— 2020년 봄, 학교 문이 닫혔다

변진경
김명희
임승관
김연민
이윤승

2020년 4월7일 저녁 7시30분
서울 중림동 〈시사IN〉 편집국 회의실

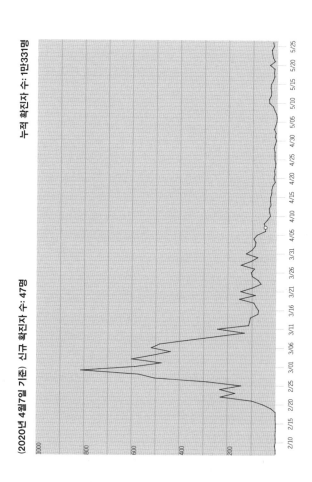

코로나19로 많은 것이 변할 것이라 누누이 이야기 듣고 차츰 차츰 받아들이게 되었지만, 많은 이들에게 그 실감이 확 다가 왔을 때는 바로 학교의 부재를 경험한 순간이었다. 우리나라 에서 코로나19 확진자 수가 처음 폭증한 때는 2월 말, 전국의 초중고가 봄방학에 들어갔던 시기였다. 불과 보름 앞인 신학 기 시작일을 바라보면서 '설마', 일주일 정도만 개학을 미뤄 놓고도 '에이 설마', 결국 3월 한 달을 통째로 휴교와 개학 연 기로 날려 버리면서도 '맙소사 설마' 하며 불길한 예감을 부 정해 나갔다.

결국 학교 문은 오랜 기간 열리지 않았고, 부랴부랴 온 라인 개학이라는 사상 초유의 방식으로 학생들을 '가상 등교' 시키기로 정책이 결정됐다. 번갯불에 콩 구워먹듯 이 어마어 마한 일들이 결정되고 공표되는 가운데 〈시사IN〉 '주간 코로 나' 대담 일정도 긴급 변경되었다. 원래 예정됐던 '언론 편'을 한 주 미루고 급히 '교육 편'을 추가했다.

문 닫힌 학교에서 어떤 일이 벌어지고 있는지 들으려, 두 교사를 초대했다. 김연민 교사는 인천 당산초등학교에서 올해 6학년 담임을 맡았다. 교육 커뮤니티 '에듀콜라' 편집장 이기도 하다. 이윤승 교사는 특성화고등학교인 서울 이화미 디어고에서 올해 고등학교 3학년 담임을 맡았다. 수학 교사 이고, 학생 인권에 관심이 많다. 두 교사와 김명희, 임승관 두 고정 멤버가 한 자리에 모여 '코로나19 시대 학교란 무엇인 가'를 논했다. 공교육 역사상 최초의 온라인 개학을 이틀 앞 둔 날이었다.

사상 초유의 초중고 온라인 개학을 앞두고 있습니다.
주변에서 어떤 일들이 벌어지고 있나요?

▪ 김명희 우리 연구소에서도 교육 사업을 준비하고 있어요. 똑같이 4월 9일 온라인 개강을 해요. 연구원 6명이 이걸 준비하느라 다 매달리고 있어요. 수강생들이 다 보건의료 업계에 종사하는 전문가, 박사님들인데도 우왕좌왕 쉬운 일이 아니더라고요. 테스트를 해봤는데 대혼란이었어요. 마이크는 제대로 켰는지, 와이파이가 끊어지면 어쩌나, LTE 무제한 들고 옆에서 기다려야 하나 걱정이 태산이에요. 지금 품절대란이 일어난 웹캠은 다행히 미리 사뒀고요, 화면에 얼굴이 너무 시커멓게 나와서 유튜버용 조명도 주문했어요(웃음). 준비하면서 와, 우리도 이럴진대 대체 '초딩'들을 데리고 어떻게 하지? 상상이 잘 안 가요.

▪ 임승관 경기도 코로나19 긴급대책단도 매주 전문가 자문위원들과 함께 '웨비나(웹 세미나)'를 열고 있어요. 한국의 코로나19 대응 과정이나 임상 자료에 대해 궁금해하는 사람이 많아서, 영문 자막도 달기로 했어요. 줌(zoom, 화상 회의 플랫폼)을 처음 써봤어요. 다소 어색하더라고요. 사실 회의라는 게 기술적인 측면이나 그 안에 있는 콘텐츠가 다가 아니잖아요. 표정 보고 눈빛 보고 그런 게 일을 만들어가요. 수평적 회의에서도 그런 전달력이 벌어지는데 교육 현장에서는 말할 것도 없을 것 같아요.

▪ 이윤승 오늘 줌으로 접속 테스트 겸 예비 학급 조회를 했어요.

지난주부터 준비해서 오늘 오픈했어요. 일단 재밌었어
요. 물론 아침 9시에 아직 자는 학생들이 있었죠(웃음).
지난주 단톡방에서 "온라인 개학을 준비하기 위해 가
장 먼저 해야 할 일은 아침에 일어나야 하는 것이다"라
고 말했었는데요, "우리 개근상은 끝났다" 이런 학생들
톡이 막 올라오기도 했어요. 친구들끼리 전화해서 서로
깨워주기도 하고 웃겼어요. 우리반 학생이 모두 26명인
데요, 처음 15명에서 시작해 최종 22명까지 접속했어
요. 완전 대면은 아니지만 출석 부르고 손 흔들고 대답
하고 과정이 재밌었어요. 학생들도 깔깔대고. 장난치는
학생도 있고, 자기 강아지 데리고 오는 학생, 인형 보여
주는 학생, 자다 깨서 잠옷 입은 학생…. 이렇게 재밌긴
했는데, 이걸로 우리가 수업한다고? 이건 완전히 다른
차원이에요.

온라인 수업이 어떻게 진행될까요?
쌍방향 수업이 원활하게 이루어질까요?

■ 이윤승 교사들이 점차 쌍방형 수업을 포기하고 있어요. EBS 콘
텐츠를 활용하고 이수율을 확인하고 과제 점검하고 출
석 체크하는 식으로 계획을 많이 바꾸었어요. 쌍방향
으로 했을 때 문제가 뭐냐면요, 1~7교시 동안 학생들이
6~7시간 내내 컴퓨터나 핸드폰 앞에 가만히 앉아 있어
야 해요. '거꾸로 수업'이라 해서 미리 영상을 보고 쌍방
수업에서 질의 응답하는 방식 역시 학생이 온종일 컴퓨

터 앞에 앉아 있어야 하고요. 교사 입장에서는 수업 한 번이지만 학생에게는 10과목이에요. 쌍방향에 너무 큰 기대를 하고 온라인 수업을 할 수가 없는 상황이에요.

그나마 저는 수학 교사라 다른 선생님들이 부러워해요. 우리 학교는 특성화고등학교라 전문 교과를 수업하는 선생님들이 많거든요. EBS 강의에도 없는 영상 교과나 디자인 교과는 대체 어떻게 수업을 진행해야 할지 난감해해요. 영상자료를 찾을 곳도 거의 없고 실습수업도 하기 힘들고요. 학생들 집에 모두 어도비(Adobe) 프로그램이 깔려 있지도 않고, 그렇다고 학교에 나올 수도 없고요. 실습수업은 10%라도 배울 수 있을까 걱정이 됩니다.

■ **김연민** 그나마 중학생·고등학생은 학교생활기록부(생기부)와 입시 때문에라도 학생들이 교사를 따를 수 있어요. 초등학생은 교사의 카리스마와 상호관계가 없으면 아이들이 아예 수업을 안 들어요. 초등학교 선생님들은 3월을 '황금달'이라고 부르거든요. 3월 2~3주 안에 학생들과 약속, 학급규칙, 생활지도를 잡고 가야 1년간 아이들이 그걸 지켜줘요. 그래서 2월 말에는 원래 그런 걸 엄청 준비해요.

3월에 특화된 선생님들이 있어요. 초등학교에서는 학년별로 가르치는 과목은 다 똑같지만 어떤 선생님은 마술로, 어떤 이는 기타 연주로, 또 다른 선생님은 스마트기기 특화로 현장에서 학생들에게 즐거움을 줘요. 초등학생들은 즐겁지 않으면 수업이 안 되거든요. 저도 나름 3월에 특화된 사람이라 애들하고 땀 흘리며 놀고 상호

작용이 생긴 다음에야 수업을 하면 아이들이 "그래, 좀 들어주지 뭐" 해요(웃음). 그런 과정 없이 시작하려니 참 난감해요.

학생들은 학교 문이 닫힌 2020년 봄을 훗날 어떻게 기억하게 될까요?

■ **임승관** 특히 초등학교 1학년 입학을 앞둔 아이들이 어떤 마음일까요. 새 가방 메고 학교에 가서 새 친구들을 만나는 기쁨이 사라진 2013년생 아이들은 2020년을 어떻게 기억할까요. 등굣길 자체가 기억이고 훈련인데…. 학교라는 공간이 해줬던 가장 중요한 일이 선생님과 친구들을 만나는 일이에요. 그걸 온라인으로 대체하고 이게 6개월, 1년씩 간다면 과연 아이들의 성장에 어떤 영향을 미칠지 잘 모르겠어요

■ **이윤승** 이 자리에 학생은 없는데요, 학생들과 얘기해보면 교사와 학생의 입장이 달라요. 우리 반 학생들은 학교에 안오는 거 좋아해요. 학교 가는 게 교사들이나 어른들이 보기엔 추억이고 경험이고 그것 자체가 학습이지만 학생들한테는 스트레스 공간이거든요. 불필요한 인간관계, 교사들의 폭압을 겪지 않고 내가 하고 싶은 것만 할 수 있다는 게 어떤 학생에게는 엄청 좋은 일이에요. 자기 시간이 많아져서 잠 푹 자고, 일어나고 싶은 시간에 일어나서 먹고 싶을 때 먹고, 게임까지 했는데도 시간이 남아돌아 자기 할 공부도 하고. 교우관계도 이미 알아서 하고 있어요. 친구랑 같이 벚꽃도 보고, 통화도 하

고, 화상채팅도 하고. 굳이 학교에서 뭘 해야 한다는 게
강하지 않은 친구들이 있어요.

다만 편차는 있어요. 처한 환경이나 진로에 따라 어떤 학생에
겐 기회가, 어떤 학생에겐 위기가 되기도 해요. 특히 수
능으로 대학 가려는 학생들은 '어차피 수능만 잘 보면
되니까'라며 집중해서 자기 공부를 해요. 수시로 진학
하려던 학생들은 피해가 크죠. 내신이 어떻게 될지 모
르고, 생기부 만들어야 하는데 학교에 못 가고, 진로체
험도 못하고 동아리 활동도 없으니 불안할 수밖에요.

가장 심각한 게 취업을 준비하는 고등학생이에요. 자격증 시
험이 다 취소되고 자기소개서 준비도 혼자 알아서 해
야 하고 취업공고 정보도 줄어들고…. 원래 지금쯤이면
공기업이나 대기업 공고가 나오고 자격증도 따야 하는
데, 지금은 다들 취업할 수 있을까 불안감이 커요. 잘못
하다간 채용시장이 내년과 겹치거든요. 고졸 취업시장
은 매우 좁아요. 다음 해 들어오는 후배가 경쟁 상대예
요. 나를 대체할 수 있는 사람이 바로 뒤에 있는 거니까
어떻게든 지금 취업이 확정돼야 하는데, 아무런 공고
도 안 뜨는 거죠. 고졸 취업 상당수는 중소기업, 영세기
업인데 이런 곳은 있던 직원도 그만두는 형편이잖아요.
그러면 아르바이트로 많이 빠지는데 거기도 경쟁이 치
열해졌어요. 이렇게 학생들마다 처지가 달라서 어떤 학
생에게는 너무 미안하고, 어떤 학생에게는 '이게 기회
겠구나' 싶기도 하고….

원래 존재하던 우리 사회 교육 불평등이 코로나19로 더 강화되는 걸까요?

■ **김명희**　미국 교육자 조너선 코졸이 쓴 〈야만적 불평등〉을 보면, 학생들 사이 불평등을 어떻게든 맞춰놓아도 방학 끝나고 오면 다시 격차가 벌어진대요. 공교육이 아무리 불평등을 완화한다고 해도 각 가정의 문화·경제·사회적 자본에 의해 달라질 수밖에 없고, 특히 요즘 같은 시기는 그게 극대화될 가능성이 커요. 굉장히 우려돼요.

■ **김연민**　이번에 학급 아이들을 못 만난 상태에서 부모님하고 다 통화를 해야 했어요. "어떻게 지내세요?" 물어봤죠. 직장에서 전화를 받으시는 분들이 많더라고요. 어떤 아이들은 그냥 집에서 놀고 있고 어떤 아이는 학원을 다니고 화상영어 수업을 하는 아이도 있고 다 달랐어요. 사실 초등학생은 스스로 '나 공부해야겠어' 이런 경우는 거의 없거든요. 학교에 다니면 선생님이 해줄 수 있지만 집에 있으면 오롯이 부모 몫이에요. 격차가 발생할 수밖에 없죠.

■ **이윤승**　학교로 도망 오는 학생들이 있었어요. 근데 지금 못 와요. 어떤 학생은 일부러 야자(야간자율학습)를 하기도 했어요. 집에 가지 않으려고. 가면 술 마시는 아빠가 있고 때리고 싸우니까. 이게 싫어서 학교에 오래 있다가 잠만 자러 집에 가는데, 지금은 집에 싫어하는 가족과도 온종일 있어야 해요. 이번 사태를 겪으면서 저는 학교가 좀 더 힘든 사람, 약한 사람, 소수자를 위한 곳으로 강화되면 좋겠다는 생각을 했어요. 이미 가정에서 교육

잘 받고 사교육 많이 받는 학생은 학교가 아니어도 얼마든지 할 수 있는 게 많아요. 그렇다면 이제 학교는 학교가 아니면 아무것도 못하는 학생을 위한 학교가 되어야 하지 않을까요. '온라인 교육을 어떻게 잘해서 서울대를 보낼까' 이렇게 생각하는 건 착오 같아요.

학생들에게 태블릿 PC가 제공된다 한들 그걸 켜서 얼굴을 비출 때 어느 방향으로도 주거공간이 노출되고 싶지 않을 학생들이 있어요. 이럴 때 교사가 "얼굴 확인해야 하니 무조건 다 켜"라고 한다면? 교육 예산 쓰고 기계 주면 끝날 문제가 아니에요. 온라인 수업을 디자인할 때 고려해야 할 이런 부분이, 나중에 오프라인 학교가 열렸을 때도 계속 반영이 되었으면 좋겠어요.

교육부 얘기를 좀 해볼까요. 세 차례의 개학 연기와 온라인 개학 결정 과정에서 모두들 교육부의 발표를 기다렸죠. '개학 연기 여부, 다음 주 결정할 듯' 이런 보도가 나오면 다음 주를 기다리고, 다음 주가 되면 교육부는 또 1~2주 개학을 미루고, 그러면 또 똑같은 기다림의 과정을 거치는 식이었어요. 이런 대응은 적절했나요?

■　김연민　학생, 학부모, 교직원을 교육의 3주체라고 하잖아요. 교육부가 불안에 떨고 있을 두 주체, 학생과 학부모를 중심으로 정책을 발표하고 추진하는 게 좋긴 하지만 현장에서 실제로 그것을 실행하는 사람들은 교직원과 교사들인데 그들과의 연결고리 없이 공표된다는 느낌이 있었어요. 교사를 포함한 공무원들은 보통 공문으로 말하

거든요. 관료제의 폐해라고도 하지만 공문이 오면 내용을 숙지하고 전파하고 계획을 짜서 실행하는 과정으로 일해왔단 말이에요. 그런데 그게 패스되는 경험을 몇 번 하고 나니 교사들 사이에서 '왜 지금 우리가 먼저 움직이냐, 교육부가 발표하면 또 바뀔 텐데' 이런 분위기가 형성됐어요. 저도 교육부 기자회견을 보려고 교육부 홈페이지를 켜놓고 집에서 정좌하고 기다렸어요(웃음).

■ **이윤승** 개학이 세 번 연기될 동안 '연기 이후 어떻게 한다'는 계획은 없었어요. 며칠 뒤, 일주일 뒤 향후 계획을 발표한다고만 하고요. 그러다가 갑자기 온라인 수업 방향이 급박하게 결정되면서 스마트기기 수요조사 해라, 내일까지 보고해라, 기기는 우선 구매하고 나중에 돈 준다 등등 정책들이 발표됐어요. 그것도 뉴스를 통해 수집해야 했고요. 교사들도 장기 로드맵을 세우고 3월 초부터 준비하라고 했으면 훨씬 더 잘할 수 있었을 텐데요. 제대로 전달되지 않고 교장·교감도 결정을 내릴 수가 없는 상태였어요.

■ **임승관** 모두가 관람자, 시청자였어요. 대구에서 일어나는 일도, 다른 지자체에서 일어나는 일도 마찬가지고요. 이 상황이 어떤 상황인지 앞으로 일어날 수 있는 경우의 수가 무엇인지 생각해서 몇 가지 시나리오를 만들어야 하는데 갈림길이 앞에 닥칠 때까지 모두가 구경만 해온 거죠. 모든 게 수동적인 사회의 한 단면일 수도 있고, 각 영역 현장 단위에게 결정할 권력과 기회를 주지 않았던 폐해일 수도 있고요.

- **김연민**　개학 연기가 발표되는 과정에서 또 하나 느낀 바는, 입시와 법정 수업일수가 우리나라에서 가장 강한 권력이라는 거예요. 교육 문제가 나올 때마다 키워드가 늘 '개학을 하면 법정일수 지키느냐 마느냐' '모자라면 수능은 어떻게 하느냐' 이렇게 귀결되니 장기적으로 내다볼 수가 없어요. 코로나19가 진정 국면이 되더라도, 코로나19가 진정돼서 개학하는 게 아니라 법정 수업일수를 지켜야 해서 개학하는 걸로 느껴지는 상황이에요.

- **임승관**　그간 교육에서 '공정'이 화두였잖아요. 아무리 허술한 제도였어도 학교라는 공교육이 있고 수시·정시 같은 입시에서 표면상 제도적 공정이 있긴 했어요. 그런데 이번에 이렇게 6개월, 1년을 지내고 나면 어떻게 될까요? 입시제도가 그대로 살아 있고 전처럼 승패가 갈리면 이 세계가 애초 불공정하다는 사실을 학생도 부모도 체험할 것이고, 다양한 감정으로 받아들일 것 같아요.

- **이윤승**　사람들이 상상을 못해요. '올해는 수능이 없어' '올해는 대입이 없어' 이런 것들을요. 결국 출구는 정해놓았어요. 수능은 봐야 하니까 대충 이때는 개학하겠구나, 선거 끝나면 준비하겠구나. 지금 계획이 '지필고사는 나중에 등교 후 보라'고만 돼 있어요. 1학기 끝나기 전에는 오프라인 개학을 해야만 한다는 말이에요. 만약 그때까지도 코로나19를 막아내지 못한 상황이면 어떡하죠? 이건 우리 모르게 따로 논의하고 있겠죠? 정부가 뭔가 대비하고 있겠죠? 설마?(웃음)

**코로나19로 휴교 기간이 길어지는 동안 학교 내부에 쌓여있던
갈등도 불거졌어요. 학교 내 정규직과 비정규직 간 마찰이에요.
조희연 서울시교육감의 SNS 발언으로도 논란이 커졌는데요,
"학교에는 '일 안 해도 월급 받는 그룹'과 '일 안 하면 월급 받지
못하는 그룹'이 있는데 후자에 대해선 개학이 추가로 연기된다면
비상한 대책이 필요하다"라는 댓글을 써서 난리가 났었죠.
결국 조 교육감은 머리를 숙여서 교사들에게 공개 사과를 했어요.**

- 김연민 그 말 뒤에 조희연 교육감이 학교 내 비정규직에 관한
고민을 토로했는데, 개인적으로는 공감하지만 앞에 쓸
데없는 말을 해서 뒤에 중요한 논의를 아예 꺼내지도
못하는 분위기가 형성됐어요. 교사들 처지에서는 전체
가 비난받는 느낌을 받은 것 같아요. 교사들 가운데에
서도 학교 내 불평등에 대해 고민하는 분들도 많고, 모
두가 아이들을 위해 노력하니까 다 좋은 대우를 받았
으면 좋겠다고 생각하는 사람도 많아요. 그런데 사람이
공격을 받으면 보수적으로, 방어적으로 변하잖아요. 많
은 선생님들이 비정규직 노조에 대해 괜히 날카로운 시
선으로 보게 됐어요.

- 이윤승 그 논란이 벌어질 당시에 몸을 다쳐 병가를 쓰면서 집
에 있던 차였어요. '학교 내 모든 노동자가 나처럼 유급
휴가를 쓸 수 있으면 좋겠다'고 생각했어요. 조희연 교
육감의 가장 큰 잘못은 말실수로 교사들을 분노하게 한
점 그 자체가 아니에요. 그 발언으로 교사 집단 중 일부
가 비정규직 노동자에 대해 너무나 매서운 말들을 쏟아

내게 만들었어요. 그걸 야기한 게 잘못이에요. 그 사람
들에게 명분을 준 거죠. 같이 연대해서 이 난국을 헤쳐
나가야 하는데, 교육감이 섣부르게 불씨를 던졌어요.

■ 김명희 　이번에 발화가 된 거지, 사실 계속 그런 갈등이 있었지
않았나요?

■ 이윤승 　누적돼 있다가 터진 게 맞아요. 저는 참 아쉬운 게, 유
럽 프로축구 구단에서 연봉 깎아서 직원들을 지킨다고
하는데, 학교에서는 왜 못할까요. 정규직 월급의 일부
를 모아 비정규직 노동자의 월급을 주자는 말이 아무
데서도 안 나와요. 우리 학교는 지금 급식을 하고 있어
요. 중·고등학교 재단이 같이 있어서 교사가 100여 명
가까이 되니까 우리가 급식비 올려서 조리사들 일할 수
있게 월급을 주자고 해서 급식비를 많이 내고 밥을 먹
고 있어요. 이런 식으로 조금씩 더 내서 비정규직 노동
자들이 계속 일할 수 있도록, 청소해주시는 분들을 더
채용하고 이런 걸로 할 수 있는 가능성이 있는데, 이런
논의가 차단됐어요. 이 불평등이 이해가 안 돼요. 같은
학교에 있으면서도 누구는 월급을 받고 누구는 받지 못
해요. 지금 같은 시기 둘로 나눠지는 이런 구조가 참 싫
네요.

■ 임승관 　한국 사회에서 가장 임금격차가 심한 곳이 사실 병원이
에요. 특히 공공병원은 늘 적자잖아요. 도의회·시의회
에서 재정 지원을 미루면 늘 도산 위험이 있는 곳이에
요. 병원 구성원들에게 월급을 못 주는 상황이 오면 어
떻게 될까요? 간호사 등 다른 직원들은 월급 50%를 주

더라도 의사들 월급은 무조건 100% 줘야 해요. 그러지 않으면 의사들이 나가니까요. 뭐랄까, 우리 사회엔 양보하는 부분이 참 없어요. 노블레스 오블리주 문화가 적은 건 맞는 것 같아요. 경제적으로 부유하고 사회적 권력이 있는 사람들이 스스로 먼저 양보하지는 않는 사회예요.

- 김연민 학교에 학생이 없으면 월급을 못 받는 비정규직 노동자가 존재한다는 사실조차 모르는 사람도 많을 거예요. 시간이 흐르면서 자연스럽게 이 부분에 대해 논의해보자는 분위기가 조성될 수 있었을 것도 같은데 (조희연 교육감 발언 이후) 이제는 꺼낼 수조차 없는 분위기가 됐어요. 그 기회가 날아간 게 너무 아쉬워요. 선생님들도 인지 편향이 생기고, 내가 가진 분노에 대한 이유를 찾아야 하니 학교 내 비정규직과 관련된 가짜 뉴스에 잘 속고 현혹돼요. 교사들 사이에 가짜 뉴스를 받아본 적이 없는데 올해는 엄청 받았어요.

- 이윤승 '비정규직이 월급 받으면 안 되는 이유' 이런 톡이 이만큼씩 길게 와요.

지금 벌어지고 있는 갈등과 차별, 혐오가 너무 크고 선명해서 이런 것들에 대해 학생들에게 어떻게 설명할 것인가도 정말 어려운 문제예요. 감염병 시대에 우리는 어떤 교육을 해야 할까요? 이를테면 당장 온라인 개학을 하고 나서 학생들이 물을 수 있겠죠. "선생님, 코로나19가 누구 탓이에요?" 혹은 "신천지 때문에 이렇게 된 거죠?" "중국 사람이 박쥐 먹어서 생긴 병이에요?" 등등. 개개 교사들은 이런 질문들에 준비가 되어 있나요?

- **김연민** 걱정이에요. 가이드라인도 없고요. 아이들이 '신천지' 라는 말을 놀림의 용어로 쓸 거 같다는 생각도 들어요. "쟤, 코로나다" 이럴 수도 있고요.

- **이윤승** 학생이나 학부모 중에 분명 신천지 신도도 있을 텐데 요. 온라인 수업 시작했을 때 교사나 학생들이 이런 말할 수도 있겠죠. "우리 중에 신천지 없지?" "신천지 XX 들 때문에"…. 이러면 그 안에서 아무 말도 못하고 상처를 받는 학생들이 분명 있을 거예요.

- **김연민** 딜레마가 있어요. 이런 부분에 대해 선제 교육하기가 매우 어렵다는 거예요. 혐오와 차별에 관한 교육을 하면서 "유럽에서는 히틀러 흉내를 내거나 2차 세계대전 당시 나치 군가를 부르거나 하면 안 된다"라고 가르쳤더니 쉬는 시간에 아이들이 그 군가를 따라 부르는 거예요. "신천지, 코로나 이런 말도 내가 싫어하는 애들한테 쓰면 되겠네?" 이럴까 봐 걱정이에요. (감염병과 관련된 혐오와 차별에 대해) 말하는 게 좋을까 아닐까, 딜레마예요.

- **이윤승** 교육청이 선제적으로, 온라인 개학할 때든 학생들이 서로 만날 때든 인권 매뉴얼 같은, 혐오와 차별이 이뤄지지 않게끔 하는 가이드라인을 제공하면 한번 읽어보는 효과라도 있지 않을까요. 얼마나 실천할지는 모르겠지만요. 어쨌든 '교육청이 이런 부분을 신경 쓰고 있어'라는 신호를 보내는 건 중요할 것 같아요.

이런 모든 문제에도 불구하고 코로나19가 우리 교육을 변화시킬 기회가 될 수 있다면, 어떤 부분에서 가능성이 있을까요?

- **이윤승** 예전에 하고 싶지 않았고 해볼 필요도 없던 일을 이번
  에 많이 하게 됐어요. 영상 편집을 해야 하고 콘텐츠를
  골라야 하고 플랫폼 따져봐야 하고…. 그 덕분에 다른
  '인강'도 들어보고 이런 과정이 저한테 분명 도움이 됐
  어요. 온라인 수업을 하면서 예전 같으면 결석 처리됐
  을, 병원에 입원한 학생들도 출석이 인정되고 교육을
  받을 수도 있게 됐어요.

  EBS 영상을 다운받다 보니까, 자막이 같이 나오더라고요. '청
  각장애 학생을 위한 방법이 이미 있었구나. 내가 영상
  올릴 때도 같이 올려야지.' 이렇게 그간 학교에서 소외
  되었던 학생에게 접근할 수 있는 방식, 루트를 만들어
  봤다는 게 중요한 것 같아요. 한번 해본 김에 코로나
  19가 끝나도 이건 가져갔으면 좋겠어요. 해본 경험이
  있으니까. 끝났으니까 원래대로 돌아가기보다, 여기서
  했던 좋은 건 그대로 가져가면 좋겠어요.

- **김연민** 올해로 교직 13년 찬데요, 학교에 출근하면 당연히 학
  생들이 있고 그들과 하루를 보내는 반복적인 생활을 하
  다가 처음으로 학교에 학생이 없는 상황을 맞게 됐어
  요. 학생 입장에서는 교사와 학교가 없는 상황, 부모 입
  장에서는 자녀와 분리될 수가 없는 상황이에요. 다들
  각자의 부재를 경험하고 있어요. 이런 상황에서 저는
  교사로서의 다른 역량을 찾아보게 되는 것 같아요. 온
  라인 역량을 이번에 다시 점검해보게 됐어요. 작년에
  이렇게 하자고 했으면 아무도 안 했을 거거든요. 할 이
  유가 없으니까. 지금은 이게 기본 바탕이 됐어요.

학부모 입장에서 보면 수개월씩 아이와 온종일 지내보는 경험을 하고 있어요. 유튜브에 '아빠와 함께하는 놀이법' 같은 게 인기예요. 일종의 기회일 수 있어요. 부재에서 오는 발전 가능성도 있다고 봐요. 여기에서 멈추지 않고 일상으로 돌아갈 때에도 '우리 그때 어떻게 했더라' 회상하며 활용할 수 있으면 좋겠어요.

■ **이윤승** 학교의 존재 이유, 목적에 대해 교사나 학생이나 한 번쯤 생각해볼 기회가 열렸어요. 학생이라면 누구나 아침에 깨서 목적 없이 학교로 가는 일상이 바뀐 거죠. 교사는 학생이 학교에 와준다는 게 기본값이 아니구나, 와주는 거구나, 내 존재 이유였구나 이걸 깨닫게 됐고요. 교복 제대로 입었냐, 머리 염색 왜 했냐, 핸드폰 내놔라, 이런 교육의 본질에서 떨어졌던 것들에서 이제 벗어났으면 좋겠어요. 그렇게 단속하던 스마트폰이 지금은 또 온라인 개학할 때 쓸 줄 모르면 안 되는 물건이 됐어요.

■ **김명희** 새로운 세상이나 변화를 원할 때 사고실험을 해요. 카운터팩추얼 시뮬레이션(counterfactual simulation)이라고 해요. 부재 상태를 통해 현존하지 않는 새로운 가상의 세계를 상정하고 나아가는데, 그런 상상력 실험을 할 필요가 없이 지금 현실에서 실제로 벌어지고 있어요. 지금의 성찰, 기록, 반성을 잘 평가하고 자양분으로 삼는 게 중요할 것 같아요. 이 상황이 끝나면 또 한국 사회가 너무 바빠지는 건 아닐까요. 개학해서 빨리 시험 보고 평가하고, 언제 그랬느냐는 듯이.

■ **임승관** 지난주 〈세바시(CBS 강연 프로그램 '세상을 바꾸는 시간,

15분')에 출연했는데 제작팀이 첫 번째에 배치한 질문이 "휴교를 계속해야 할까요"더라고요. 코로나19 상황에서 교육에 대한 관심이 정말 크다는 것을 느꼈어요. 결국 교육은 어른들이 어떻게 살아가는가를 보여주는 거잖아요. 6개월이 될지 1년이 될지 모르는 상당한 기간의 공백, 빈틈의 시간 동안 온라인이든 대체형 학습법이든 이런 형식으로만은 채워지지 않을 것 같아요. 다른 배움이 일어나야 할 텐데요. 그건 결국 우리가 아이들과 같이 목격하고 있는 세계와 우리나라의 모습들, 혹은 사회가 무너지는 모습일 수도 있어요. 이탈리아나 스페인에서처럼 가망이 낮은 노인 중환자를 치료할지 말지 결정하는 모습, 국경을 닫아야 하나 말아야 하나 고심하는 모습, 고용률이 떨어지면 실업자들의 삶을 어떻게 보호하는가 고민하는 모습 등을 아이들도 함께 볼 거예요. 그 과정을 잘 보여주는 게 바로 교육일 수 있어요.

"이 상황이 끝나면 또 한국 사회가 너무 바빠지는 건 아닐까요. 개학해서 빨리 시험 보고 평가하고, 언제 그랬느냐는 듯이."(김명희) "지금 계획이 '지필고사는 나중에 등교 후 보라'고만 돼 있어요. 1학기 끝나기 전에는 오프라인 개학을 해야만 한다는 말이에요. 만약 그때까지도 코로나19를 막아내지 못한 상황이면 어떡하죠? 이건 우리 모르게 (교육부가) 따로 논의하고 있겠죠?"(이윤승)

두 대담 참석자의 슬픈 예감과 '설마' 하는 우려는 불과 두어 달 만에 현실이 됐다. 코로나19 확산이 지속되는 가운데

5월 13일부터 순차적으로 학년별 오프라인 등교 수업이 시작됐다. 입시가 급한 고3과 중3이 가장 먼저, 가장 자주 등교하기로 했다. 등교해서 제일 먼저 한 교육 활동은 '시험'이었다. 중간고사, 수행평가, 모의고사, 기말고사, 학력평가…. '학교란 무엇인가'라는 질문에 자꾸 '학교란 시험치는 곳'이라는 답을 떠올리게 하는 나날들이 이어졌다.

　　학교 안에서 완벽한 방역을 추구하면서도 많은 문제들이 발생했다. 초등학교 1학년들은 등교해서 내내 마스크를 끼고 칠판과 선생님만 바라보다가 친구랑 말 한마디 못 나누고 집으로 돌아갔다. 처음 학교를 경험한 아이들에게 학교란 '답답하고 지루한 곳'으로 각인돼 버렸다. 모든 학생들이 불투명 가림막이 쳐진 급식실에서 벽을 보고 점심 급식을 먹었다. 체육 시간에 달리지 못하고 음악 시간에 노래하지 못했다. 마스크를 끼고 학생들을 가르치던 60대 기간제 교사가 수업 도중 쓰러져 사망하는 일도 벌어졌다.

　　이런 문제들은 단순한 시행착오가 아니었다. 공교육의 존재 가치를 묻는 심각한 사례들이었다. 인류 역사상 초유의 팬데믹 속에서도 대한민국 공교육은 어찌어찌 수업 시수를 채우고 내신 성적을 산출하고 생기부를 작성하고 아마도 수능도 치러내게 될 것이다. 이 입시 레이스의 안정적 진도를 빼는 과정에서 놓쳐버린 교육의 본질이 코로나19 시대에 더 노골적으로 드러났다. 결국 '학교란 무엇인가'는 2020년 내내 교육계 안팎 주체들의 가슴을 무겁게 짓누르는 돌덩이 같은 질문이 되었다.

5장 언론

— 믿을 수 있는 매체가 필요하다면

변진경
김명희
임승관
김준일
이소은

2020년 4월14일 저녁 7시30분
서울 서교동 북카페 '서사 당신의 서재'

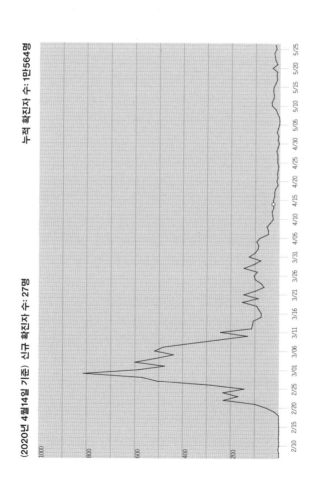

팬데믹을 그린 영화 〈컨테이젼〉에서 유일하게 악인으로 묘사된 인물은 '기자'다. 각자의 헌신과 한계를 동시에 보여준 다른 전문가들과 달리 기자 앨런 크럼위드(주드 로)는 사회에 단 1%의 기여도 없이 줄기차게 유해하다. 가짜 정보를 퍼뜨리고 희생양을 만들고 부당 이익을 챙긴다. 그를 바라보던 영화 관객의 경멸하는 눈빛이 곧 코로나19 팬데믹 속 대한민국 기자와 언론을 바라보는 시선이다.

많은 언론이 하던 대로 했을 뿐이다. 늘 하던 대로 중계방송식 속보 경쟁을 이어갔고, 늘 하던 대로 '야마(주제)'를 정해놓고 그에 맞는 재료들을 끼워 맞췄고, 늘 하던 대로 대형 오보를 내고도 사과나 정정보도를 하지 않았다. 전염병이 전 세계에 똑같이 퍼진 탓 혹은 덕에 이런 국내 언론의 관성이 적나라하게 상대평가의 시험대에 올라버렸다. 뉴스 소비자들은 해외 언론 보도와 비교된 한국 언론 보도의 수준을 더욱 참담하게 체감했다. "우리에겐 왜 이런 보도가, 기사가, 언론사가 없을까"라며 탄식했다.

아마 당신도 코로나19 이후, 전보다 더 많이 더 자주 스마트폰으로 포털사이트를 뒤적이고 리모컨으로 텔레비전 뉴스 채널 사이를 이리저리 헤맸을 것이다. 그만큼 정보에 목마르고 뉴스가 필요하고 언론이 소중하다는 의미다. 그 절박하고 귀중한 언론이 왜 코로나19와 같은 감염병 국면에서 '차라리 없으면 나을 존재'로 인식될 만큼 망가지게 되었을까? 그래도 언론이 필요한 까닭은 무엇이고 언론은 앞으로 무엇을 해야 할까?

저널리스트와 미디어 연구자 한 명씩을 게스트로 초대

했다. 팩트체크 전문 매체 〈뉴스톱〉의 김준일 대표와 한국언
론진흥재단 이소은 선임연구위원이다. 일간지 기자 출신인
김준일 대표는 〈뉴스톱〉뿐 아니라 여러 라디오, 유튜브 프로
그램 등에서 코로나19와 관련된 언론 보도의 팩트체크를 맡
아왔다. 이소은 연구위원은 4월 9일에 열린 코로나19 한·미
언론 합동 토론회 '바이럴 뉴스: 미디어와 코로나 바이러스
팬데믹'에서 '코로나19(COVID-19) 관련 정보 이용 및 인식 현
황' 연구 결과(한국언론진흥재단 〈미디어 이슈〉 6권 2호)를 발표한
바 있다.

오늘 주제는 말 많고 탈 많은 '코로나19 시대의 언론'입니다.
특히 김명희, 임승관 두 고정 멤버께서는 이번 국면에서 여러 언론
매체들의 주요 취재원이기도 한데요. 인터뷰 혹은 독자, 시청자
입장에서 바라본 코로나19 시대의 한국 언론 모습이 어떠한가요?

- **김명희** 꼭 이번에만 그런 건 아니지만요, 기자들이 '답정너'로
  많이 물어봐요. '넌 이 한마디만 하면 돼'를 요구한다는
  사실을 어느 순간 깨달았어요. 질문 내용도 안타까울
  때가 많아요. 전문가들 사이에서도 답이 정해지기 어려
  운 문제, 이를테면 '학교 개학을 할 거냐 말 거냐' 같은
  것들이죠. 데이터를 가지고 있는 전문가들도 판단을 못
  내리는데 기자들이 무작정 양단간에 답을 요구할 때 다
  소 답답할 때가 있어요.
- **임승관** '휴교를 해야 하느냐' '자가격리를 어떻게?' '마스크는
  어떻게?'처럼 어떤 현상에 대한 질문을 많이 받았어요.

원리를 설명하는 기사, 이해력을 높이는 기사, 상황 전
반에 대한 개론을 알려주는 저널리즘이 더 활성화될 수
없는지 의문이 들었어요. 신문·방송 인터뷰를 할 때 질
문을 사전에 10개 받으면 솔직히 그중 7~8개는 답변하
고 싶지 않고, 이런 얘기를 왜 해야 할까 싶은 질문들이
에요.

각각 팩트체크 저널리스트와 미디어 연구자로서 김준일, 이소은
두 분께서는 코로나19 이후 일상과 업무가 어떻게 바뀌었나요?

■ **김준일** 코로나19와 관련된 팩트체크가 좀 더 늘었어요. 주변
사람들의 일상이 격하게 변하는 모습을 관찰자 입장에
서 보고 있고, 또 국내외 언론 보도를 많이 읽으면서 '앞
으로 정말 BCAC(Before Corona, After Corona)가 되겠구나'
를 실감하고 있어요. 아직 완전히 위기가 극복되지는
않았지만 코로나19 이후를 어떻게 설계할지 저널리스
트들이 전문가 입을 빌려서라도 대안을 마련해야 하지
않을까 생각합니다.

■ **이소은** 대학에서 미디어 이용에 관한 연구를 하다가 작년 말
한국언론진흥재단에 들어왔는데, 들어오자마자 하는
일이 거의 다 코로나19와 관련돼 있어요. 처음 수행한
설문조사, 〈신문과 방송〉 기획회의에서 처음 기획한 커
버스토리, 재단에서 진행하는 기획조사가 모두 감염병
보도와 관련된 것이었어요. 저뿐 아니라 미디어 연구자
가 코로나19 사태와 관련해 무엇을 연구해야 하는지 고

민할 수밖에 없는 상황이 된 것 같아요.

쏟아지는 코로나19 뉴스 속에서 특별히 기억에 남는 보도가 있나요?
좋은 의미로든 나쁜 의미로든 말이에요.

■ **김준일** 저널리즘의 가장 고질적인 문제인데, 모든 기사가 하루
단위로 다 소비돼버린다는 거예요. 쌓이는 게 없어요.
어제와 오늘이 달라지는 급변 상황이라면 그것을 한눈
에 볼 수 있게 쌓아두는 웹페이지라도 만들 필요가 있
어요. 오늘 몇 명 죽었고 몇 명 확진자가 늘었고, 늘 하
듯 이런 식으로만 소비되니까 나중에 의미 있는 기사를
찾아보려 해도 별로 없고 한눈에 조감하기도 어려워요.
저처럼 뉴스를 많이 알고 소비하는 사람도 어려운데 다
른 사람들은 얼마나 혼란스러울까 싶어요.

■ **이소은** 언론 보도보다 오히려 시민들이 만든 인터랙티브 애플
리케이션 같은 게 더 기억에 남아요. 〈뉴욕타임스〉 같은
해외 언론도 시각 요소를 잘 활용해 감염 루트 등을 알
려주는 보도를 해 인상적이었고요. 제가 재단의 오세욱
박사와 함께 연구한 '코로나19 관련 정보 이용 및 인식
현황' 조사에서도 '정부 및 지방자치단체 홈페이지를
주요한 코로나19 정보 경로로 이용한다'는 비율이 높게
나왔어요. 시민이 직접 만든 '코로나 맵'처럼, 기존 미디
어의 매개 없이 정보에 접근하려는 사람이 많고, 높은
품질의 결과물로도 나올 수 있으며, 그걸 만들 수 있는
공공데이터 기반이 마련돼 있다는 뜻이기도 하죠. 주목

할 만한 사례라고 생각해요.

■ **김명희** 〈뉴욕타임스〉 기사 두 개가 인상적이었어요. 코로나 19가 어떤 식으로 전파될 수 있는지를 굉장히 과학적 완성도가 높으면서 사람들이 이해하기 쉽게 설명해주는 기사가 하나 있었어요. 그때는 미국에서 크게 유행하지도 않을 때였어요. 또 하나는 노동자 중 어떤 사람들이 코로나19의 위험에 특히 노출될 수 있는지를 그래프 등 시각 요소로 표현한 보도였어요. 그림만 딱 봐도 보호받아야 할 사람이 누군지 한눈에 알 수 있게끔 돼있더라고요.

한국의 기자로서, 한국 독자들이 이번 국면에서 가장 인상 깊게 본 좋은 기사가 해외 언론의 것이었다는 이야기는 정말 아프게 다가오네요.

■ **김명희** 한국의 많은 코로나19 보도들은 중계방송 수준을 넘지 않았어요. 시민들이 그래서 뭘 해야 하고 어떤 지식을 얻어야 하는가에 초점을 맞추지 않았거든요. 물론 해외에도 '쓰레기 언론'은 많고 우리한테는 한번 걸러서 오는 것이겠지만 기본적으로 그런 차이가 컸어요. 한국은 특히 〈중앙일보〉가 혁혁한 공을 많이 세웠어요. 자기분열적인 기사 내용과 정파적 해석이 돋보였죠.

■ **임승관** 〈중앙일보〉의 한 논설위원이 쓴 이른바 '의료사회주의'와 '의도적 검사 축소' 의혹 기사를 보고 참 슬펐어요. 총선을 앞두지 않았다면 좀 달랐을까요. 이후 정정보도 같은 건 없었나요?

- **일동**   없었죠.

- **임승관** 언론 보도로 정부의 방역 정책에 위해를 끼치는 정도라
면 그냥 넘어갈 수 없는 사안이 아닌가 싶어요. 코로나
19 상황에서 좋은 기사는 이용자 관점에서 교육적인 기
사라고 생각해요. 팬데믹은 이런 거고 우리는 앞으로도
이런 일을 겪을 것이며 신종 바이러스란 건 왜 어려운
것이고… 이런 걸 설명하는 기사요.

  경기도 코로나19 긴급대책단에서 보건학 석박사 연구원들,
공중보건 의사들을 팀으로 만들어 가장 먼저 한 일이
그 〈뉴욕타임스〉 기사를 읽어보게 한 거예요. 다른 교육
자료보다 훨씬 나아 보였거든요. 그 안에 다양한 그림
과 표를 잘 읽어내면 코로나19를 충분히 이해해낼 수
있는 기사였어요. 한국의 보도도 그런 면이 있었으면
좋겠는데, 중계방송에 머물고 독자들로 하여금 코로나
19를 스스로 이해하고 사유하게끔 만들어주지 않는 것
같아서 아쉬웠어요.

**코로나19 국면에서 '뉴스를 많이 볼수록 불안해진다'는 목소리가
많이 들렸어요. 기자인 저도 마찬가지였어요. 기사를 써야 하는
입장에서 뉴스를 보긴 봐야 하는데, 포털사이트에 뜬 속보 기사들이나
방송 뉴스를 계속 보고 있다 보면 심장이 벌렁벌렁 뛰더라고요.**

- **이소은** 정보의 리던던시(redundancy, 불필요한 중복) 문제를 반드
시 짚고 싶어요. 이용자 조사에서 분석해보니까요, 코
로나19 정보를 얻는 다양한 경로 중 텔레비전과 인터넷

포털의 이용 비중이 높을수록 사회적 신뢰의 하락 정도
가 더 높은 것으로 나타났어요. 정보 내용과도 물론 관
련되겠지만, 정보의 양 자체가 주는 불안감 또한 있는
거예요. 이용자로서는 정보탐색의 적극성이 높은 상황
인데 내가 알고 싶은 건 해결이 안 되고, 미디어에는 반
복적이고 자극적인 이슈만 나오니 더 불안한 거죠.

감염병 국면에서 이용자들은 뉴스를 내 일로 인식하는 비중
이 상당히 커요. 마스크를 어디에서 사야 하는지, 재사
용해도 되는지, 코로나19 증상이 어떤지, 얼마나 아프
면 병원에 가야 하는지 그런 내용을 다룬 기사가 초반
에 안 나왔어요. 오히려 '중국인 입국을 금지할 거냐' 같
은 거시적인 문제를 짚었고요. 개개인이 각자도생의 문
제를 느끼는 상황에서 생활밀착형 정보 욕구를 충족해
줄 만한 게 별로 없었어요. 증상 분류 앱을 군의관이 만
드는 등 언론이 해야 할 역할을 시민사회에서 대신 했
어요. 개별 이용자의 정보 욕구에 대해 언론이 좀 둔감
했던 것 같아요.

■ **김준일** 정보의 양과 관련해 한국기자협회보 자료를 하나 가져
왔는데요, 두 달여간 국내 18개 일간지·경제지가 보도
한 기사 중 '코로나' 단어가 들어간 기사가 6만 개 정도
돼요. 하루에 1000개 정도 나온 꼴이죠. 〈조선일보〉는
전체 생산된 기사의 34.46%에 '코로나'가 들어갔어요.
그다음이 〈중앙일보〉 25.05%, 〈한국일보〉 20.94%예요.
〈조선일보〉는 정부가 '심각' 위기 경보를 낸 다음 날부
터 기사 두 건 중 한 건에 '코로나'가 들어가 있어요.

이렇게 어마어마하게 많이 썼다는 건 해석의 여지가 있습니다. 2018년 즈음 〈미디어오늘〉이 '최저임금' 단어가 들어간 기사 수를 조사해봤는데요, 〈한국경제〉가 1000여 건으로 1위를 했어요. 하루에 3건 꼴로 쓴 거예요. '최저임금 때문에 이런 문제가 발생했다' '최저임금 때문에 뭐가 안 된다' 이렇게 어떤 이슈든 최저임금으로 설명한 결과죠. 이처럼 코로나19로 모든 문제를 설명하려 했고 그 현상이 보수 신문에서 유독 나타난다는 사실을 눈여겨볼 필요가 있어요.

국내 언론이 교육적이고 유익한 정보형 기사를 생산해내야 한다는 관점에 동의하면서도, 한편으로는 이런 생각도 들어요. 언론은 주로 뉴스 소비자의 '클릭 수'를 통해 독자의 요구를 읽고 다음 보도에 반영하거든요. 그래서 이런 변명이 가능해요. "코로나19에 관한 심층 정보성 기사, 대안을 제시하는 기사는 품만 많이 들고 막상 관심을 많이 못 받는데 코로나19 관련 정쟁·갈등을 다룬 뉴스는 독자들이 굉장히 많이 클릭하더라. 우리가 욕먹으면서도 계속 그런 뉴스를 생산하는 까닭은 뉴스 소비자들이 그것을 좋아하기 때문이다." 이런 변명에 대해 어떻게 생각하세요?

김준일　지금처럼 포털사이트로 모든 뉴스가 유통되는 시스템 아래에서는 답이 없다고 생각해요. 선정적이고 파편화되는 방식으로 갈 수밖에 없어요. 심혈을 기울인 기사에 손이 안 가는 이유는, 포털사이트 자체가 이슈를 모아놓고 진열하는, 방식 자체가 그렇게 돼 있기 때문이에요. 코로나19 보도만의 문제가 아니에요.

한국의 저널리즘 신뢰도가 가장 낮은 이유는, 소비자들이 언론사 홈페이지에 들어가지 않아서예요. 실제 국제적으로 살펴보면 저널리즘 신뢰도와 언론사 홈페이지 이용률 간의 상관관계가 뚜렷이 나타나요. 로이터 저널리즘연구소의 발표에 따르면, 한국의 저널리즘 신뢰도가 4년 연속 꼴찌예요. 한국의 언론사 홈페이지 직접 방문율도 4%로 꼴찌고요. 100명 중에 96명은 네이버나 다음에서 뉴스를 본다는 얘기예요. 핀란드가 (언론사 홈페이지 직접 방문율이) 60% 정도 돼요. 이런데 무슨 신뢰관계가 생기고 좋은 기사를 찾을 수 있을까요. 이걸 깨지 않으면 똑같은 얘기가 계속 반복될 거예요.

■ 이소은 글쎄, 이용자가 늘 선정적인 걸 보는지 아니면 선정적으로 낚으니까 보는지는 논쟁의 역사가 유구하고 이 자리에서 결론 내리기는 어려울 것 같아요. 뉴스뿐 아니라 전체 미디어 이용자를 연구하는 입장에서는, 코로나19를 계기로 전체 미디어 이용량이 증가하고 뉴스 이용시간과 빈도도 올랐다는 데 주목하고 싶어요.

코로나19 관련 뉴스 이용 조사에서 나온 흥미로운 결과 중 하나가, '코로나19와 관련해 유용하고 심층적인 정보를 어디에서 제공해주느냐'고 물었을 때 소셜미디어라고 답한 비율이 예상보다 낮게 나왔어요. 반면 지상파 텔레비전이나 정부·지자체 홈페이지 등 생산 주체가 누군지 정확히 알 수 있는 경로에 긍정적으로 평가한 비율이 80~90%로 높았어요. 그런데 '대응을 잘하고 있느냐'라는 질문에는 나 자신, 의료기관, 정부, 확진자 등

7개 주체 가운데 언론이 꼴찌에서 두 번째로 긍정 응답
이 낮았어요. ('나 자신'이 가장 높고 '확진자 또는 유증상자'가
가장 낮았다. — 편집자 주)

이 원인이 뭘까요. 저는 코로나19처럼 특히 정보 욕구가 높
아진 상황에서 개별 보도 자체에 대한 평가와, 집합으
로서 혹은 그것을 생산해내는 언론에 대한 평가와 시선
이 상이하다고 느꼈어요. 이용자 처지에서는 뉴스 보도
가 유일하게 믿을 수밖에 없는 정보이긴 해요. 어쨌든
텔레비전에서는 정은경 질병관리본부(질본) 본부장의
발표가 생방송으로 나오니까요. 그거는 믿지만, 그렇다
고 언론이라는 집합체가 잘 대응했다고 보지는 않는 괴
리가 발생하는 거죠.

왜 그런 괴리가 발생할까요? 언론이라는 집합체가
어떤 부분에서 소비자들의 신뢰를 잃었을까요?

■ 이소은 그 괴리에는 이제껏 문제 제기, 비판에 집중해오던 언
론의 태도도 한몫했다고 봐요. 한국 언론은 문제를 해
결하기보다는 발굴해서 제기하고, 정부 반대편에 서서
비판하고 정치적으로 투쟁하는 전통의 저력을 더 많이
쌓아왔어요. 그런데 지금 같은 상황에서 그 전통보다는
다른 자세가 더 필요해 보이는 거죠. 다른 비교 집단인
정부, 지자체, 의료진은 다 코로나19 앞에서 고군분투
하고 있는데 언론은 직접적으로 방역도 안 하고 사람도
안 살리는데 옆에서 "못하고 있어, 왜 더 잘 못해?"라고

훈수만 두고 있다고 이용자 시각에서는 볼 수 있어요. 언론 처지에서 '문제 해결형 기사는 인기가 없다'고 하지만 어떻게 보면 코로나19 국면처럼 평소보다 뉴스 이용자, 이용 시간, 이용 매체 수가 늘어나고 적극성이 높아졌을 때 오히려 더 적극적인 시도를 해볼 수 있지 않을까 싶어요. 새로운 기회로 만들 필요가 있지 않을까요?

■ **김준일** 저널리스트의 신뢰도 저하는 사실 전 세계적 현상이기도 해요. 최근 에델만(글로벌 PR 기업)에서 전 세계인을 대상으로 코로나19 상황에서 누구를 가장 신뢰하는지 설문조사를 벌였어요. 1위가 과학자이고, 꼴찌가 저널리스트였어요. 꼴찌에서 두 번째가 정부, 그 바로 위가 뉴스미디어였고요. 뉴스미디어보다 저널리스트 개인을 더 안 믿는 거죠. 과학자들은 비교적 신중하게 말하고, 정제된 단어를 사용하니까 신뢰가 높게 나타나는 것 같아요.

앞으로 이런 전염병이 자주 일상화된다면, 언론사 안에서 신뢰할 만한 정보를 생산하고 유통해낼 만한 과학자 같은 전문가를 키우는 걸 고려해야 해요. 정은경 질본 본부장 정도는 아닐지라도, 최소한 고급 정보를 본인 능력으로 검색해서 찾을 수 있는 전문가가 있어야 합니다. 한국언론진흥재단 같은 곳에서도 이 고민을 같이해야 하고요.

**언론을 통해 확대 재생산되는 허위 정보가 실제 방역에
해를 끼치고, 더 나아가 감염병을 확산시킨 사례도 있을까요?**

- **김명희** 예를 들면 '투표장 갔을 때 비닐장갑을 끼면 미끄러져서 잘못 찍게 되니 비밀장갑 벗으라는 카톡이 노인들 사이에 돌았다'라는 보도가 나왔어요. 그런데 내용이 거기에서 끝이었어요. 읽어 내려가다가 황당했어요. 그것에 관한 팩트체크가 당연히 따라 나와야 할 거 아닌가요? 비닐장갑을 벗으면 감염 위험이 높다는 정보도 같이 나와야 하는데 '이런 카톡이 돌았다'는 캡처 사진만 보도된 거죠. 그게 맞는지 틀리는지 이야기를 안 해 주고 보도하면 결국 그 카톡 내용을 또 확산시키는 거밖에 안돼요. 대표적으로 사람들을 위험에 빠트리는 기사인 것 같아요.

- **이소은** 잘못된 정보를 확대 재생산하는 잘못을 레거시 미디어(전통 매체)도 저지르고 있다는 사실은 분명해요. 가짜 정보를 접하지 않았던 사람도 오히려 '이런 정보가 퍼지고 있어'까지만 헤드라인으로 보고, 나중에 정확히 기억하지 않고 '아 맞다, 뉴스에서 그런 이야기가 있었는데' 이럴 여지가 있거든요. 팩트체크 전문 보도 등 언론의 책임과 역할을 되짚어보는 논의가 좀 더 많이 이뤄졌으면 좋겠어요.

- **김준일** 특히 코로나19 신약 개발이나 백신 개발 착수 등에 관해 사실 검증 없이 무분별하게 쏟아낸 뉴스들이 무척 위험해 보였어요. 기업들이 보도자료를 뿌리고 언론이 그대로 받아쓰고 이게 해당 기업 주가에 그대로 영향을 미치는 경우가 너무 많았어요. 〈뉴스톱〉에서 팩트체크한 것 중 하나는, 옷에 붙이면 코로나19 바이러스를 막

을 수 있다고 홍보한 어떤 제품이었는데요, 7개 기관이 개발에 참여했다고 홍보했는데 확인해보니 그중 5군데가 개발에 참여한 적이 없다고 하더라고요. 대개 언론은 검증 능력이 안 되니까 사실인지 아닌지, 무슨 의미인지 모르고 기업의 보도자료를 그대로 다 받아쓰죠.

처음에도 이야기가 나왔지만, 이번에 외신 보도를 국내 언론을 거치지 않고 직접 이용하는 사람들이 눈에 많이 띄었어요. 국내 언론과도 자주 비교가 됐고요. 좋게 해석하면 적극적으로 정보를 찾고 이용하는 뉴스 소비자가 많아진 현상일 수도 있고요, 부정적으로 보면 국산 뉴스에 대한 신뢰가 오죽 바닥으로 떨어졌으면 소비자가 국산을 외면하고 외제를 찾을까, 이런 생각도 들어요. 어느 쪽일까요?

- 이소은   둘 다 아닐까요? 못 믿는 것도 있고 마음에 안 드는 것도 있을 거고, 그래서 외신을 더 찾게 되기도 하겠고요, 한편으로는 정보를 다양한 경로를 통해서 더 교정하려는 욕구도 있는 것 같아요. 코로나19 정보 이용에 관한 이번 조사 결과를 보면, 이용 매체들끼리 양(+)의 상관관계가 나타났어요. 이용자가 하나를 이용하면 다른 것도 더 많이 이용하고, 좋게 평가하는 사람은 다른 경로도 좋게 평가했어요. 뉴스를 많이 보는 사람이 다른 경로로도 더 많이 보는 거죠. 그런 측면에서는 외신을 보는 것도 대안적인 경로 중 하나로, 적극적인 사람들이 접근했다고 볼 수도 있을 것 같아요.

- 김명희   사람들이 코로나19와 관련된 외신을 적극 번역해서 소

개했는데, 대다수가 한국에 대한 평가와 관련된 내용이
었어요. '국내 언론은 한국 정부를 비판하는데 외국에
서는 이렇게나 평가가 좋다'라는 증거로 많이 활용됐어
요. 또 한국 특유의 그런 문화 있잖아요, 외국의 승인을
통해 나의 존재를 인정받는 것. 단순히 정보가 필요해
서가 아니라 '내가 듣고 싶었던 얘기가 바로 이거야'라
는 표현을 외신을 통해 나타내는 것 같아요.

■ **김준일** 전 세계 뉴스 미디어 신뢰도가 낮은 와중에도 차이가
있다면 〈뉴욕타임스〉 기사처럼 그래도 돋보이는 기사
가 한두 개 정도는 있었다는 점이에요. 그게 공유가 되
고 눈에 띄고 참고가 돼요. 한국 저널리즘의 아픈 지점
은 바로 이것이죠. 이를테면 국내 1등이라는 어떤 신문
이나 방송사들도 이런 '랜드마크 보도'를 못 만들어냈
어요. 아픈 현실이에요.

**감염병 시대 언론의 역할은 무엇이어야 할까요? 중립 보도일까요,
비판 보도일까요, 솔루션 보도일까요, '국뽕' 보도일까요?**

■ **임승관** 이제껏 우리나라 언론은 주로 코로나19의 '현재'를 다
뤄왔어요. 극단적으로 말하면 중계방송과 같은 보도였
죠. 현재의 상태를 아무 해석 없이 그대로 전달하는 것
도 문제이고, 때로는 정파적 이익에 치우쳐 건강하지
않은 비판이 작동하는 보도 때문에 두 달여간 많은 사
람들이 힘들어했어요. 그래서 차라리 과거를 얘기하고
리뷰해보면 어떨까 했고, 이 '주간 코로나19' 기획을 제

안했던 맥락이기도 해요.

덧붙여 미래도 얘기하고 싶어요. 계획, 작전, 준비해야 하는 일을 미디어와 얘기하고 싶을 때 통로가 거의 없어요. 올지도 안 올지도 모르는 미래에 대해 듣는 걸 독자나 시청자가 별로 원하지 않는다고 언론인들이 느끼는 것 같아요. 우리 같은 전문가들은 담론화·의제화가 필요할 때 평소라면 학술적인 방법, 정책적인 방법으로 기획할 텐데 지금은 학계나 정부나 지자체도 그리 여력이 없는 상태예요. 마지막 돌파구가 언론이겠다고 생각하는데, 언론을 접촉했을 때도 미래 얘기를 싣자고 하면 언론인들이 동의를 잘 못하더라고요. 팬데믹은 결국 미래에 대한 대비인데, 저널리즘조차 제한적이라는 사실이 아쉬울 때가 많아요.

■ **김준일** '기레기'에 대한 변호를 잠깐 할게요. 방역 관련 비판 보도가 굉장히 많았는데 그게 어떻게 보면 한국이 잘 대처한 결과에 요만큼의 작은 퍼센티지는 기여했을 수도 있어요. 물론 가장 중요한 요인은 정부였죠. 각국의 정부를 비교해보면 대응능력에서 하늘과 땅 차이임이 비교가 되는데, 여기에 언론의 알람·경보도 분명 상당히 영향을 줬을 거예요. 이를테면 일본 같은 경우 언론이 기능을 못했어요. 일본 정부도 약간 무능한데 언론도 비판 안 하고, 문제라고 말을 하지 못했고요. 아직 진행형이므로 평가 내리기가 위험하지만, 한국의 언론은 정파적인 이유가 됐든 어쨌든 난리를 쳤어요. 사람이 왜 죽었냐, 확진자가 왜 나왔냐 예민하게 반응했고 그게

방역에 미친 영향이 분명 있어요. 모든 정부 비판 보도가 꼭 나쁜 것만은 아니고, 모든 '국뽕' 보도가 꼭 좋은 것만은 아니라는 이야기를 하고 싶어요.

또한 코로나19가 아직도 진행 중이긴 하지만 '앞으로 무엇을 할 것이냐'에 언론이 주목해야 하는 시기가 온 것 같아요. 어쩌면 강제로 노동 없는 사회가 될지도 모르는 상황에서 굉장히 많은 상상력과, 의학뿐 아니라 사회학 등에 걸친 융합적 연구가 필요한 시대예요. 언론이 주도는 못해도 같이 참여해서 담론을 만들어나가야 해요.

■ **김명희** 포스트 코로나19 사회가 어떤 모습일지 바로 답을 줄 순 없더라도 최소한 어느 부분을 봐야 하고 어떤 프레임으로 가야 한다는 정도의 방향은 언론이 좀 제시해줄 수 있지 않을까요. 언론이 그걸 그려주면 각기 전문 영역 안에서 다음 단계로 나아가는 데 도움이 될 것 같아요. (《시사IN》 기자들을 보며) 해주세요(웃음).

■ **이소은** 코로나19 정보 이용자 조사에서, 상반된 두 가지를 제시해놓고 언론이 어떻게 보도해야 할지 물었을 때 나온 결과가 말해주는 바가 분명히 있어요. 불확실한 정보를 신속하게 보도하는 것보다 시간이 걸리더라도 확실한 정보를 보도하길 원했고, 공식 발표가 늦어져서 불확실하더라도 먼저 보도하기보다 유언비어 확산 방지를 위해 공식 발표를 기다리기를 언론에 요구했어요. 언론이 기존의 '문제 제기형'보다 '문제 해결형'으로 가야 한다는 이야기가 많이 나왔는데, 지금 이 시기가 어떻게 보면 적극적으로 시도해볼 수 있는 때 같아요. 솔루션 저

널리즘의 새 국면이 열린 것 같다는 생각이 듭니다. 또 하나는, 최근 뉴미디어에 위협을 받아온 레거시 언론의 역할과 가능성을 다시 생각해볼 시기라는 거예요. 소셜미디어나 개인 블로그, 소위 이용자 참여 기반의 미디어 비중이 높아지다 보니 기성 언론이 조바심을 많이 냈고 이런 환경 변화에 맞추기 위해 어떻게 유연하게 대응할지 궁리해왔어요. 그런데 코로나19 사태에서 매스미디어로서 언론의 역할을 다시 되돌아보는 계기가 만들어졌잖아요. 프레이밍, 게이트 키핑, 프라이밍 등 매스미디어가 담당했던 역할 중 코어(핵심)가 무엇이었는지 다시금 깊이 생각해줬으면 좋겠어요. 내 안전이나 생명과 직접 연결되어 있는 중요한 이슈를 접할 때 사람들은 이제 매체를 구분하려고 해요. 이용자는 '정말로 믿을 수 있는 매체가 있느냐'는 질문을 할 거예요. 그 질문에 "우리입니다"라고 자신 있게 답변할 수 있는 언론이 얼마나 될까요. 코로나19 국면이 기성 언론에 이런 고민을 다시 하게 했어요.

중이 제 머리 못 깎는다고, 기자 입장에서 가장 다루기 난감한 주제가 '언론'이었다. 국내 언론의 보도 행태에 대한 비판과 탄식과 분노가 쏟아져 나오는 시기에 이 뜨거운 공을 못 본 체할 수는 없었다. 하지만 쥐기엔 너무 뜨겁고 민망스러웠다.

코로나19 시대 우리나라 언론은 분명히 문제가 있다. 이 명제를 받아들이면서도 언론에 애정의 끈을 놓지 않을 이야기가 필요했다. 꽤 오랜 시간을 들여 패널 구성과 이야깃거리를 고민했다. 다행히 네 전문가의 조합이 훌륭했다. 단순한 '기레기 성토장'이 되지 않고 '문제 해결형' 언론이라는 솔루션이 제시되기까지 대담이 매끄럽게 진행되었다.

대담을 정리한 기사가 보도되자 독자들의 반응이 매우 뜨거웠다. "속 시원하다"는 댓글이 가장 많았다. 욕하고 싶은 언론을 전문가들이 정제된 언어로 조목조목 이유와 사례를 들어 대신 해주니 가슴이 뻥 뚫린다는 거였다. 그 반응이 사실 조금 씁쓸했다. 〈시사IN〉은 다르다고, 내가 쓰는 기사는 좀 낫다고 자만도 하고 칭찬도 받아보았지만 근본 고민 지점은 다른 언론, 언론인과 크게 다르지 않아서다.

대담을 마치고 귀가하며 이런 생각을 했다. 기레기들에게 욕은 꾸준히 해주되, 대안에도 관심을 가져주는 뉴스 소비자들이 많이 생겼으면 좋겠다고. 한심한 기자, 악질적인 보도, 못된 언론사를 지적하고 기억하고 피하는 일도 중요하지만 괜찮은 기자, 의미 있는 보도, 노력하는 언론사를 '찜'해두고 칭찬하고 공유하고 구독하고 홍보하는 일도 꽤나 효과를 내지 않을까.

물론 후자의 경우에 완벽히 부합하는 언론이 없어 내키지 않을 수도 있다. 하지만 언제까지 '우리나라는 기레기밖에 없어' '언론이 죄다 문제야' '싹 다 없애버려야 돼' 비탄만 할 것인가. 그러다간 국산 언론은 사라지고 BBC 한국지사, 〈뉴욕타임스〉 서울지사 보도에만 의존해야 하는 세상이 오진 않을까. 그 세상은 좋은 세상일까. 100% 마음에 안 들어도 약간의 좋은 '싹'이 보이는 언론인, 보도, 매체를 눈여겨보고 앞으로 더 좋은 성과를 낼 수 있게끔 투자하고 키워주는 수고를 뉴스 소비자들이 해준다면, 그것들이 다른 보답으로 돌아오지 않을까. '기레기가 되고 싶지 않은 한 기자'의 머릿속에 굴러다니는 생각들이었다.

6장   외교

— 각자도생 세계에 품격 있게 맞서기

변진경
김명희
임승관
이준호

2020년 4월28일 저녁 7시30분
서울 중림동 〈시사IN〉 편집국 회의실

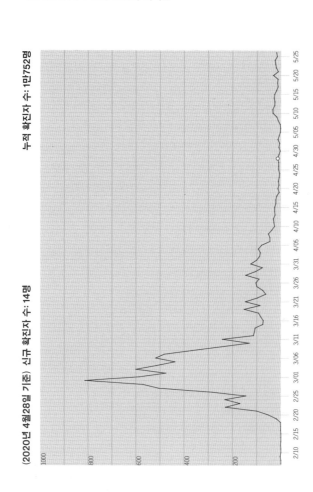

대한민국의 외교는 재난 속에서 시작됐다. 2009년 외교통상부가 펴낸〈한국외교 60년〉부록에 실린 '외교관계 주요 문서'의 첫 페이지는 대한민국 승인에 관한 유엔총회의 결과를 담은 1948년 12월12일자 '유엔총회 결의안 제195호(Ⅲ)'로 시작한다. 곧이어 유엔안전보장이사회의 한국전 참전 결의가 담긴 1950년 6월27일자 '대한민국에 대한 군사 지원에 관한 안보리 결의(S/1511호)', 1953년 7월27일자 '한국 정전협정' 등이 따라붙는다. 우리나라 외교 성과란 주로 분단과 전쟁이라는 국가 재난 속에서 국민의 생존과 안전을 위해 미국 등 강대국에게 승인받고 요청하며 얻어낸 결과물이었다.

다시 대한민국의 외교가 재난 위에 놓였다. 이번에는 감염병이고 전 지구적 위기이다. 코로나19에 '외교 성과'라는 말이 어울릴 줄은 몰랐는데 그 조합이 일어났다. 불안에 떨던 재외국민을 전세기에 태워 자국으로 수송해오고, 문재인 대통령과 강경화 외교부 장관의 메시지가 온 세계의 주목을 받으며, 한국 방역 모델에 대한 찬사가 쏟아지고, 각지에서 지원 요청이 쇄도했다. 70년 전 자국민을 지켜내기도 힘들었던 약소국이 어느덧 전 세계인의 생존과 안전을 위해 앞장서는 모습을 보여줬다. 마치 한 편의 영웅서사시처럼 코로나19 확산 초기 국제사회에서 겪은 수모와 굴욕을 한순간에 뒤집은 터라 국민들은 더욱 감동하고 기뻐했다.

코로나19의 위기가 기회가 되어 대한민국이 세계 무대에서 영웅이 될 수 있을까? 만약 그럴 수 있다면 어떤 방식의 영웅이어야 할까? 모두가 부러워하는 패권국이 되어 세계를 호령하고 약소국에게 은혜를 베푸는 영웅일까? 아니면 가르치는 동시에 배우고, 경쟁하고 경합하는 대신 연대하고 협력하는 새로운 세계화의 중심축 국가여야 할까? 코로나19는 그간 '눈치 보고 줄 잘 서면 된다' 정도로 인식되던 대한민국 국제정치의 단계를 몇 등급 올려놓고 새로운 질문을 던졌다.

대한민국 외교의 '뉴노멀'을 논하기 위해 이준호 외교전략기획관을 초대했다. 외교전략기획관실은 외교부 내에서 장기적이고 종합적인 관점에서 외교 전략을 수립하는 부서다. 이준호 기획관은 1994년 외무부에 들어온 뒤 주영국·주우즈베키스탄·주미국 대사관과 북핵정책과, 국가안보실, 국회사무처 등을 두루 거친 26년 차 '외교통'이다.

외교관의 일상은 코로나19 이후 어떻게 달라졌나요?

■ **이준호** 일단 가장 특징적인 건 출장을 못 가고 있다는 점이에요. 1월에 인도네시아, 싱가포르에 다녀온 게 마지막이었어요. 다자외교 쪽에 근무하는 동료들은 국제기구 출장이 많은데 그것도 다 없어졌어요. 또 하나의 변화는 우리 교민들을 보호하고 타국과의 코로나19 대응 협의를 위해 24시간 상시 비상근무 체제가 만들어졌다는 점이에요. 출장이 없어진 대신 아침부터 저녁까지 회의가 이어져요. 장관과 직접 통화하는 횟수도 많고, 밤에도 연락을 주고받다 보니 예전보다 일이 많아진 것 같아요. 또 사회적 거리두기에 적극 참여해서 직원 절반이 재택근무를 하는 것도 달라진 점이네요. 화상회의가 실질적으로 많이 이뤄지고 있어요. 간부 회의도 화상회의로 전환되

고, 장관도 해외 주재 공관장과 화상회의를 열고, 외교부 과장들도 재택근무 중 직원들과 화상회의로 업무를 해요. 해외 외교관과도 화상회의로 대화하고요. 문재인 대통령도 G20, 아세안+3 회의에서 화상으로 정상들과 만났어요.

코로나19 확산 초기부터 우리나라에 여러 가지 외교 사건들이 발생했어요. 중국인 입국 금지 여론, 우한 교민 수송 작전, 마스크 같은 방역 물자의 해외 반출 논란, 한국인들이 외국 공항에서 당한 급작스런 입국 제한과 격리 조치들…. 그러다가 갑자기 국내 방역 성과가 세계적으로 조명 받으면서 각국에서 진단키트를 요청하러 정상들이 문 대통령에게 전화를 걸어왔어요. 이렇게 반전에 반전을 거듭하는 코로나19 시대의 한국 외교사를 바라보면서 많은 생각들을 하셨을 것 같아요. 특히 어떤 장면이 기억에 남으시나요?

■ 김명희   초반에 중국인 입국금지 주장이 보수 언론을 중심으로 많이 나왔잖아요. 사실 의학의 문제와 방역의 문제는 동일하지 않거든요. 의학은 학문적으로 결론을 내릴 수 있지만 방역은 정치적 결단이 필요해요. 그런데 이 두 가지 논리가 혼재되어서 '조금의 리스크도 감수할 수 없다' '중국을 막아야 한다'는 목소리가 의학계 안에서도 나왔어요. 이걸 어떻게 해결해나갈까 궁금했는데 문 대통령이 초기에 "혐오로는 이걸 극복할 수 없다"라고 말씀하셔서, 다소 안심이 됐어요. (문 대통령은 1월 30일 '신종 코로나바이러스감염증 대응 종합점검 회의'에서 "신종코로나로

부터 우리 자신을 지킬 수 있는 무기는 공포와 혐오가 아니라 신뢰
와 협력이다"라고 말했다. ─ 편집자 주)

■ **임승관** 같은 의사단체 회원들과 텔레그램 방에서 메시지를 주
고받았던 기억이 나요. 미국 정부가 중국발 외국인에
대한 입국을 금지한 날이었어요. 세계보건기구(WHO)
가 "국가 간 이동을 제한하는 게 해답이 아니다"라는
메시지를 던진 바로 며칠 뒤였어요. 국제적 거버넌스인
WHO의 메시지와 회원국의 메시지가 서로 다른 상황
을 보고 보건의료 종사자들끼리 "이건 정말 국제정치
가 굉장히 많이 개입할 수밖에 없는 사안이구나" 했어
요. 팬데믹은 원래 어려운데 거기에 국제정치도 알아야
하고 남북관계까지 고려해야 하니 정말 어렵죠. 그런데
하필 왜 트럼프 정부 때 이런 어려운 숙제가 던져졌을
까요? 만약 다른 정부라면 과연 똑같은 방식이었을까
요? 어려움을 겪는 나라들끼리 서로 돕고 WHO의 메시
지를 존중하는 분위기에서 팬데믹 대응을 시작하지 못
하는 모습이 조금 충격적이었어요.

■ **이준호** 코로나19 확산 초기 입국 제한이나 지역을 설정하는 과
정에서 원칙이 된 포뮬러(formula, 방식)가 바로 개방성이
에요. 초기에 무조건적인 입국 제한보다는 과학적인 근
거를 바탕으로 우한을 포함한 후베이성 지역에서 한국
을 방문하는 외국인에 대해 입국금지를 결정했어요. 이
후 개방성 원칙 아래서 시행한 제도들, 예를 들면 모바
일 애플리케이션(입국자 모바일 자가진단 앱) 설치 같은 특
별입국 절차 같은 보완책도 있었고요. 우리가 가진 정

보를 투명하게 다른 국가와 교류하기도 했어요. 이런 개방성 원칙은 해외 상황 악화에 따라 향후 조금씩 입국 제한조치 국가를 늘리면서도 꾸준히 유지되었어요.

우한 교민 수송 작전이 굉장히 인상적이었어요.
외교부에서도 이런 경험은 처음이었나요?

- 이준호 외교부는 해외에서 재외국민 보호를 위한 영사 조력 제공의 오랜 경험이 있지만 이번과 같은 규모의 사태는 처음이었어요. 우한에서 국민들을 수송한 뒤에도 여러 가지 사정으로 그곳에 잔류하게 된 국민들을 지원했어요. 2월 중순에는 타국의 총영사관들이 모두 철수한 시점인데요, 새로 임명된 강승석 우한 총영사는 여객기가 없는 상황에서 지원물품을 보내는 화물기를 타고 우한으로 들어가기도 했어요.

- 김명희 사실 그간 해외 영사에 관해 안 좋은 이미지가 많았던 게 사실이거든요. 교민이 도와달라고 해도 잘 안 도와준다거나, 영사가 뭔가 불미스러운 사건으로 물러나게 됐다거나 그런 기억을 갖고 있었는데, 이번에 국민들을 보호하는 모습을 보고 아주 든든했어요.

- 이준호 우한 내 우리 국민 수송 과정은 외교부 직원으로서 가장 기억에 남고 자랑스러운 일이에요. 재외국민을 국내에 수송해오기 위한 이런 정부 전세기 투입 작전은 이탈리아, 이란 등에서도 계속됐어요. 마다가스카르에서는 우리 대사가 여러 국적의 체류자들을 다 모아서 비

행기를 띄우기도 했고요, 한국 방역물품을 사겠다는 나라들에서 우리 국민을 태워온 후 그 비행기에 물품을 보내주는 경우 등 아주 다양했어요. 전 세계에서 귀국을 희망하는 모든 국민을 최대한 한국에 모셔올 수 있도록 다양한 형태로 지원했어요.

**기존 항공편이 다 막힌 상황에서 예외적인 경로로
교민을 데리고 오는 일이 쉽지는 않았을 것 같아요.**

- 이준호　교섭 과정에서 비행기가 뜰 수 있는 시간이 쉴 새 없이 바뀌었고 그 과정도 복잡했어요. 원래 이용하기로 한 항공편이 갑자기 끊기기도 하고, 비행기 좌석을 채울 수 있는 재외국민을 모으는 과정도 쉽지 않았어요. 대표적인 사례를 꼽자면, 카자흐스탄과 키르기스스탄 내 국민 수송 과정이 생각나요. 키르기스스탄은 내부 왕래가 거의 통제되어 있고 세 개 도시 정도는 완전히 내부가 봉쇄된 상태였어요. 카자흐스탄은 국경을 막아 들어갈 수 없었고요. 비행기는 카자흐스탄의 옛 수도 알마티에서 뜨도록 계획돼 있고 두 나라에서 우리 국민을 모아서 와야 하는 상황이었어요. 키르기스스탄과 협조해 각 지역에 흩어져 있는 재외국민 30여 명을 모아서 한 장소에 집결시킨 다음 또 카자흐스탄 정부와 협의해 카자흐스탄 국경을 넘었어요. 카자흐스탄 경찰이 직접 엄호해줘서 알마티 공항까지 이동하고 섭외한 비행기에 모두 태웠습니다.

불과 한 달 전까지만 해도 외교부가 주로 해야 했던 일은
우리 국민들을 입국 제한하거나 격리시킨 외국 정부에 항의하거나
요청하고 아쉬운 소리를 하는 거였어요. 그런데 어느 순간부터는
반대로 우리나라가 외국으로부터 도움을 요청받았고 지원을 해주게
되었어요. 외교 현장에서 그 변화, 반전을 실제 체감했습니까?

■ 이준호   실제로 그랬습니다. '3T(Test[진단]·Trace[추적]·Treat[치료])'
라고 불리는 한국 방역 모델이 세계적으로 주목받았잖
아요. 특히 국민들의 자발적인 마스크 착용, 선거를 성
공적으로 치른 경험 등을 외국 정부와 언론매체들이 관
심을 갖고 배우고자 했어요. 우리가 보유한 감염병 관
련 통계, 임상 경험 사례를 WHO 등 국제기구나 여타국
들과 지속적으로 투명하게 교류해왔습니다. 진단키트
를 포함한 방역물자는 확실히 해외에서 경쟁력이나 수
요가 높아서 지금도 요청이 매우 많은 상태예요.

■ 임승관   진단키트 지원이나 판매 요청이 오면 정부가 어떤 기준
으로 우선순위를 정하나요?

■ 이준호   인도적 지원 차원에서는 의료 취약국 등 위주로 선정해
나가야 할 것 같고요. 판매에 관해서는 해당 국가와의
외교·경제적 관계 외에 코로나19 대응 과정에서 재외
국민들의 수송 지원에 해당국의 도움 제공 여부 등 여
러 요소를 종합적으로 감안해 결정해야 한다고 봅니다.
알려진 바와 같이 미국 측에서 진단키트 판매를 요청해
와서 75만 개를 판매한 사례도 있어요.

**코로나19 국면을 지나며 국제무대에서
우리나라의 위상이 어떻게 달라졌을까요?**

- 이준호 그간 '중견국' '미들 파워'라고 하는 이야기를 많이 했는
데 사실 손에 잡히지 않는 개념이었어요. 이번에 한국
위상이 높아지면서 대외적으로 내보내는 메시지에 대
한 관심도도 확실히 올라갔어요.

    저는 우리나라가 중추적 중견국가가 되었다고 느껴요. '컨비
닝 파워(convening power, 소집의 힘)'가 좀 많이 생겼습니
다. 한국을 빼놓고는 세계에서 어젠다 논의가 되지 않
는 그런 형태의 국가가 될 수도 있다고 봐요. 실제로
G20, 아세안+3 같은 논의체에서 한국의 방역 경험, 글
로벌 공급망 유지의 필요성, 필수 기업인의 이동에 관
한 절차 형성 필요성에 대해 의견도 내고 또 그것들이
논의의 주요 쟁점이 되었어요. 한국이 '패스트 팔로어
(fast follower)'가 아니고 '퍼스트 무버(first mover)'가 되는
모습이었어요. 한 단계 앞서서 국제적인 논의를 선도하
는 국가가 될 수 있는 기회가 왔습니다.

개인적으로 어떤 사례에서 '이번 국면은 확실히 다르다'는 것을 느꼈나요?

- 이준호 대통령과 장관에게 외국 정상과 장관으로부터 전화통
화 요청이 쇄도해요. 주한 대사관을 통해서도 오고, 해
외 주재 우리 대사관을 통해서도 오고, 다양한 경로로
옵니다.

정말 해외 정상들이 문 대통령과의 통화를 줄 서서 기다릴 정도였어요?

- 이준호   음… 통화 날짜를 잡아줘야 해요(웃음). 제가 잡는 건 아
니지만, 이런 사례로 한국의 높아진 위상을 설명할 수
있을 것 같아요.

또 하나, 확실히 우리의 경험을 배우고 싶어 하는 국가들이
많아요. 경험을 공유하고 싶다, 전문가들과 화상회의하
겠다, 만나게 해달라, 보내달라 이런 요청이 많았는데
질병관리본부나 보건복지부, 감염병 전문가들이 굉장
히 바빠서 다 들어줄 수가 없어요. 그러면 웹 세미나라
도 열어달라고 해서 최근 그런 자리를 다자 혹은 양자
로 만들기도 했어요. 이런 정도의 관심과 높은 평가는
저도 외교부 경력이 26년 되는데 처음 느껴봐요.

- 임승관   극적인 요소가 있었어요. 90여 개 국가가 한국인 입국
금지 조치를 해서 수모감을 느끼고 오리엔탈리즘적인
현실이 목격되다가 갑자기 처지가 뒤바뀌면서 영화 같
은 반전이 펼쳐졌어요. 어떻게 보면 그래서 더 위험해
요. 초기 서구 국가들이 방심하던 태도를 지금 우리가
갖고 있는 것일 수도 있어요. 우리의 경험을 소개하고
수출하는 일도 아주 타당하지만, 반면 달의 뒷면은 없
을까요.

방역에 성공한 국가건 반면교사건 배우려는 자세가 필요해
요. 타이완은 어떻게 했지? 독일은 어떻게 했지? 이런
목소리들은 상대적으로 작은 것 같아요. 그러면 안 되
지만 다른 나라의 어려움을 보면서 살짝 통쾌해하는 느

낌도 없지 않고요. 특히 일본을 볼 때 자꾸 그런 모습이 나타나요.

■ **김명희** 지금 일본 상황이 너무 안 좋아요. 의료인 감염도 심각하고요. 빨리 도와줘야 하는 거 아닌가요. 이런 건 딜(deal)이 아니에요. 사람이 죽고 사는 문제잖아요. 뉴스 댓글을 보면 "원래는 도와주는 걸 지지하는 입장이었지만 일본 정부 하는 꼴 보니 절대 안 되겠다" 같은 이야기가 너무 많아요. 인도주의적으로 접근하고 싶어도 정부 처지에서 쉽지 않겠어요.

■ **임승관** 감염병의 특성상 타국을 돕는 건 인도주의이기도 하고 거기서 얻어지는 자부심이나 국제적 위상도 있지만, 또 한편으로는 나를 돕는 일이거든요. 일본의 방역을 도우면 한국도 함께 안전해져요. 우리의 시야가 교정될 필요가 있어요.

■ **이준호** 정부에서는 항상 다양한 검토를 하고 있어요. 코로나19 과정에서 한·중·일 간에도 보건협력 관련 소통을 하고 있어요. 아세안+3의 3이 한·중·일이잖아요. 지역 내 보건위기, 식량위기, 기업인 입국 문제 등 여러 부분에 대해서 협의하고 있고, 앞으로 더 협의해야 할 문제도 있을 것 같아요.

■ **김명희** 지난해 일본 오키나와에 견학을 가서 민주의료기관협의회라는 곳의 도움을 많이 받았어요. 그때 만났던 분들이 마스크를 만들어 쓰고 쓰레기봉투로 방역복을 대신하고 있다고 들으니 너무 마음이 아팠어요. 우리 연구소에서 마스크라도 보내줄까 했는데 당연히 기능성

일회용(KF 마스크)은 반출이 금지되어 있더라고요. 면 마스크라도 도움이 되지 않을까 물었더니 "아베 마스크보다는 낫지 않겠느냐"라고 해서 마스크 두 박스를 주문했어요. 그런데 오키나와로 가는 우체국 국제우편(EMS)이 아예 중단됐다는 거예요. 민영 국제 우편서비스인 DHL은 간다고 해서 오늘 견적을 받았는데, 두 상자 배송에 90만원을 부르더라고요. 이런 일이 벌어질지 누가 예상했겠어요.

이렇게 국가 간 물자와 사람의 교류가 막힌 상태에서 국제협력이라는 게 이뤄질 수 있을까요?

▪ 이준호 포스트 코로나19에 대해 의견이 분분하죠. 국제협력이 증진되는 계기가 될 수도 있다는 긍정적 시각이 있는 반면 각자도생의 시대가 열릴 거라는 견해도 있어요. 실제 코로나19 이후 많은 국가가 의료물품, 전략물자 수출을 다 막아버렸고 동남아 국가에선 식량 수출제한을 하는 현상도 나타나고 있어요.

하지만 사람이 아무리 선을 그어도 바이러스는 얼마든지 국경을 넘어올 수 있어요. 코로나19 국면을 거치면서 결국에는 국제협력이 필요하다는 논의가 확산될 거예요. 그런 결과가 나타나도록 한국 같은 개방형 통상국가, 중견국가가 적극적인 노력을 해야 해요. 글로벌 공급망이 유지돼야 국익도 도모할 수 있으니까요.

▪ 임승관 끊어진 세계가 다시 이어질 때 한국이 유리해진 입장

에서 순위를 앞서기 위한 방식이 아니었으면 좋겠어요. 취약국과 개발도상국, 특히 아시아 국가들을 돕는 데에 정부가 더 많은 관심과 역량을 쏟아주길 바래요.

■ **이준호** 임 원장님 말씀에 동의해요. 다른 나라들이 어려움을 겪고 있을 때 중견국가로서 국제협력의 필요성을 제기 하고 각국의 협력을 이끄는 역할이 중요하다고 봅니다. 이런 국제협력 속에 국익이 증진될 수 있어요.

■ **임승관** K방역의 대표상품을 생각해보면 대부분 물자예요. PCR(진단검사 키트)이나 IT 플랫폼으로 만들어낸 것들이 죠. 정부는 이걸 4차 산업혁명과 연결시키고 싶을 거예 요. 잘못된 건 아니죠. 하지만 새로운 어떤 의제가 열리 는 공간에서 굳이 그런 것들을 앞에 너무 드러내놓고 얘기하지 않았으면 해요. 새로운 질서 안에서 우리가 평화, 연대를 이야기하고 그런 걸 만들어낼 역량이 있 는 국가임을 보여주고 그 가치를 앞에 내세우면 국민의 한 사람으로서 더 자랑스러울 것 같아요. 좋은 기회이 지만 꼭 '성장' '동력' 이런 말이 언론에 너무 많이 나오 지 않았으면 하는 바람이 있어요.

각자도생이 아닌 협력하는 새로운 세계화의 가능성은 얼마나 있을까요?

■ **이준호** 역세계화와 재세계화, 두 가지 가능성이 있어요. 지금 당장 나타나고 있는 모습은 배타주의, 보호주의, 국가 주의 같은 역세계화예요. 그렇지만 향후에는 감염병뿐 아니라 기후변화, 인권, 식량위기 같은 글로벌 재해를

다루기 위해서도 다자협력이 필요할 수밖에 없어요. 그
걸 국민들이 먼저 인식하고 필요성을 제기하는 여론이
증대되지 않을까요. 최근에도 EU 회원국들이 어려운
상황에도 불구하고 개발도상국에 대한 지원을 논의 중
이고, G20에서도 그런 이야기가 오갔어요. 좋은 선례가
될 수 있다고 생각해요.

■ **김명희** WTO(세계무역기구) 체제 이후 진보 시민사회는 세계화
가 국가의 주권을 보장하고 내부의 민중을 보호하는 형
태로 이루어져야 한다고 끊임없이 주장해왔어요. 국가
간 경계를 허무는 신자유주의 방식을 상당히 비판해왔
죠. 그런데 코로나19를 겪으며 아이러니하게도 어느 순
간 많은 국가들이 민족주의나 자국 우선주의로 스스로
바뀌었어요. 오히려 진보 시민사회가 국경을 넘은 협력
을 더 주장하고 있는 형국이에요.

다음 세대의 세계화는 예전과는 달라야 해요. 무역장벽을 허
물고 불평등을 심화시키는 방식을 넘어서야 해요. 코로
나19 관련 방역 기술과 지식을 공유하는 움직임이 새로
운 세계화의 첫 사례가 될 수 있을 거예요.

■ **임승관** 코로나19가 이제까지 주로 북반구 국가들을 휩쓸고 지
나갔다면 그다음엔 남반구 국가들일 수 있어요. 가까이
인도, 타이도 있죠. 정부의 아세안+3 협력 같은 모습을
보면서 무척 기뻤어요. 그런 부분을 한국 정부가 더 강
조해주면 글로벌 리더의 품격이 느껴질 수 있을 것 같
아요. 국제사회에서 한국의 위상이 올라갈 수 있는 기
회인데, 그 기회가 언제나 계속 열려 있진 않을 거예요.

또 한 가지, 국경없는의사회 친구와 이야기를 나누다가 친구
가 이런 말을 했어요. "보통 선진국이나 중견국가들이
'취약국의 방역을 어떻게 도와주지? 어떻게 가르쳐주
지?' 하는데 그 생각은 잘못된 거야. 돕는 게 아니라 서
로 배우는 거야. 한국도 취약국들과 대화하면 분명 배
울 점이 있을 거야."
한국이 이제껏 했던 일은 사실 의료자원 수요가 공급을 넘지
않는다는 가정 하에서 성공한 방법이거든요. 많은 사
람들이 아프리카 국가들은 우리보다 경험과 전문성에
서 어느 하나 나을 게 없다고 생각하잖아요. 그런데 콜
레라가 유행할 때 병상이나 링거가 없으면 어떻게 할지
등에 분명 그들은 노하우가 있어요. 한국이 경제적·방
역적으로 좀 더 높은 곳에 있는 듯하지만 대화하면 서
로 주고받을 게 있어요.

- **김명희**　저개발 국가들은 사실 K방역 모델을 쓰기가 어려워요.
감염병 확산 추적이 가능한 IT 인프라도 없고, 진단키
트를 100만 개 보낸다 한들 이를 안정적으로 검사할 수
있는 전기와 인력도 없어요. 그들의 인프라를 고려해
어떤 적정 기술로 어떤 도움을 줄 수 있을까도 궁리해
야 해요.

- **임승관**　'우리는 다 알고 있어, 가르쳐줄게'라는 관점보다 같이
고민하고 돕겠다는 연대 의지를 표명하는 게 중요하지
않을까요. 한국국제협력단(KOICA)과 적극 협력해서 이
제 좀 스케일이 다르게 국제 보건의료를 지원하는 인력
풀을 양성하고 데이터를 모으고 연구소 만들고 파견 보

내 훈련을 할 수도 있어요. 이런 자원을 남북관계에서 쓸 수도 있고 동남아 국가들과 공유할 수도 있어요. 감염병 대응 자원 확충을 연구할 때 국내뿐 아니라 아시아에서 같이 쓴다고 상상하면 다른 외교 전략이 나오지 않을까요. 특히 중국과 일본이 냉전을 벌이고 있는데, 한국 정부가 좀 더 적극성을 가지고 일본에도 아량을 베풀며 아시아 평화 정치를 이끌어갈 자격이 있다는 걸 보여줘도 좋겠고요.

■ 이준호   우리 정부는 단기적으로 코로나19 방역, 중기적으로 세계 경기침체가 지속될 때 우리가 대응하는 방법, 장기적으로는 포스트 코로나 상황의 국제 연대에서 어떤 목소리를 내야 하는지 전반적인 전략을 구상하고 있어요. 임 원장님이 이야기했듯 기회의 창이 열려 있는 기간이 그리 길지 않을 거예요. 한정된 시간을 최대한 잘 활용해야 할 것 같네요.

코로나19와 같은 새로운 위기가 또다시 전세계에 닥칠 수 있습니다. 그럴 때마다 우리 외교는 어떤 모습이어야 할까요?

■ 이준호   새로운 감염병일 수도 있고 사이버 테러일 수도 있고, 앞으로 이런 신흥 안보 이슈가 생각보다 자주 닥칠 거예요. 기존에 한 번도 다루지 않았던 이런 큰 위기 속에서 한국 외교가 어떻게 대응할지, 국제사회에서 어떤 어젠다를 설정해나갈지 이번에 한 차례 경험해보는 계기가 되었어요. 생각해보면 역사 속에서 큰 감염병이

지날 때마다 국제사회에 큰 자국을 남겼어요. 코로나19도 이 세계에 큰 자국을 남길 것 같아요. 국가 간 관계, 국제사회 협력에도 뉴노멀이 찾아올 거예요. 그런 과정에서 한국이 더 중요한 역할을 해나갈 수 있도록 저를 비롯한 외교관들이 더 노력하겠습니다.

■　임승관　세계사가 2020년을 기록할 때 어떤 모습일까요. 각국 정부와 시민사회가 서로 연결하고 연대해서 새로운 담론을 만들어냈으면 좋겠어요. 더불어 이 글을 읽는 독자들에게도 말하고 싶어요. 우리 안에서 외국인들, 이주노동자들을 어떻게 바라보고 접근하고 있는지, 그런 시민들의 의식과 행동 하나하나가 다 외교인 것 같아요. 모두가 방역의 주체이듯, 국민 개개인 모두가 외교관이 될 수 있어요.

반전에 반전은 이 대담 이후로도 거듭됐다. 당시 코로나19 확산세가 심각하던 유럽은 5~6월이 되면서 점차 안정세로 들어갔다. 대통령이 나서서 마스크를 거부하던 미국은 상황이 점점 심각해졌다. 2020년 7월 초 기준 하루 신규 확진자가 5만 명을 넘어섰고 누적 확진자 수가 300만 명에 가까워지고 있다. 대담에서 우려했던 대로 하반기로 갈수록 코로나19의 불길은 북반구 국가에서 남반구 국가들로 옮겨 붙었다. 브라질, 인도, 멕시코, 남아프리카 공화국 등의 그래프가 꾸준히 상승세를 타고 있다.

　　국제 사회의 '각자도생' 모습도 여전하다. 대부분 해외입국자에 대해 빗장을 걸어 잠그고 인도적 지원과 협력에도 소극적이다. 치료제와 백신 개발을 인류 공동으로 추진하는 움직임이 없지 않지만, 적지 않은 국가와 기업들은 호시탐탐 독점과 선점의 기회를 노리고 있다.

　　국내 외교 여건도 좋지 않다. 미중 갈등의 골은 점점 깊어지고 남북 관계도 자주 삐걱댄다. 중국에선 홍콩보안법 지지를 요구하고, 미국에서는 G7 회의를 G11로 확대하겠다며 우리나라를 초대했다. '어디에 줄을 서야 할까'라는 고전적인 우리 외교의 난제 앞에서 또 골머리를 앓아야 했다.

　　다만 우리나라 외교는 더 이상 '영민한 팔로워'를 최종 목표로 삼지 않는다. '퍼스트 무버'이되, 이기기 위해 앞서는 모습이 아니다. 돕기 위해 연대를 모으는 리더의 역할을 우리 정부가 꽤나 많이 보여주고 있다. 2020년 5월 우리 정부는 코로나19 등 보건안보 문제에 대해 유엔 차원의 대응을 결집하기 위한 '유엔 보건안보 우호국 그룹(Group of Friends of Solidarity for Global Health Security)'을 출범시키는 데 앞장섰다. 2020년 6월부터는 개발도상국의 코로나19 대응 및 중장기 지속가능발전 지원을 위해 '다 함께 안전한 세상을 위한 개발협력구상(ODA KOREA: Building TRUST)'을 추진했다. 다자주의와 연대에 기초한 공동 대응, 방역 취약국에 대한 지원, 여성·아동 등 취약계층의 보호가 이런 움직임의 주요 목표이다. '국뽕'은 바로 이런 모습들에서 차오른다.

7장 노동

― 좋은 노동이 좋은 방역을 만든다

변진경
김명희
임승관
박혜영
신광영

2020년 5월6일 오전 10시
서울 사당동 이수역 인근 세미나실

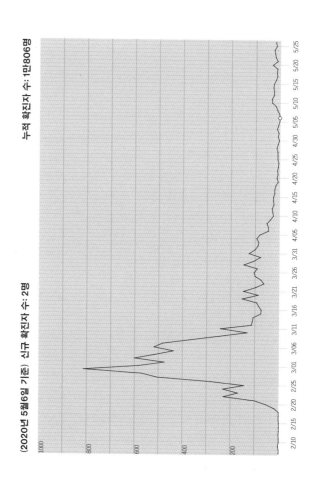

코로나19 이후 노동의 일상이 바뀌었다. 출근 시간 직장 대신 집에서 컴퓨터를 켠다. 회의실 대신 모니터 안에서 직장 동료를 만난다. IT 플랫폼을 통해 업무를 처리하고 유연근무제로 노동시간을 조정한다.

코로나19 이후 노동의 일상은 바뀌지 않았다. 배달 노동자 여럿이 과로로 쓰러져 죽었다. 시급 4200원을 받는 77세 간병 노동자는 코로나19 감염 환자를 돌보다가 그 자신도 감염돼 목숨을 잃었다. 가연성 물질이 도처에 널린 공사 현장에서 안전장치 없이 일하던 하청업체 소속 비정규직 노동자 38명이 불길 속에서 한꺼번에 숨졌다.

바이러스는 보편적이지만 그것으로 인한 영향은 개별적이다. 특히 노동에서 그렇다. 각자 처해 있던 노동환경에 따라 코로나19가 아무 변수가 아니기도, 기회가 되기도, 위험을 높이기도 한다. 노동 불평등의 골은 이미 패어 있었다. 그 골이 코로나19 이후 더욱 깊어질까? 혹시라도 전환의 계기가 될 수는 없을까? 위기에 빠진 노동자를 구제할 사회안전망은 어떻게 짜야 할까?

한국 사회 노동체제와 불평등 문제를 오랜 기간 연구해온 신광영 중앙대 사회학과 교수, 일터에서 죽거나 다치거나 '갑질' 당하는 노동자들을 위해 싸워온 박혜영 노무사(노동건강연대 활동가)와 함께 코로나19 이후 노동의 변화를 거시적·미시적으로 살폈다.

우리가 처음 만나던 날은 하루 신규 확진자 수가 240명이 넘었는데 두 달이 지난 최근은 한 자릿수로 줄었습니다. 오늘은

'사회적 거리두기'가 '생활 속 거리두기'로 전환된 첫날이기도 합니다.

- **임승관** 전반적으로 대응 수위를 조금씩 낮추는 상황입니다. 제가 속한 경기도 코로나19 긴급대책단도 지금까지 비상체제로 인력을 파견하고 차출했던 일을 정상화하고 있어요. 4월 말을 기점으로 원 소속기관으로 많이 돌아가고 저와 공중보건의만 남았어요. 코로나19 전담병원으로 동원됐던 경기도 내 공공의료원들도 필수 의료 서비스가 우선적으로 제공되어야 하는 지역을 중심으로 정상 기능을 회복하고 있습니다.

- **김명희** 5월 첫 주 연휴 기간에도 보건의료 종사자 인터뷰를 계속했어요. 이분들이 많이 우울한 상태예요. 거리에는 사람들이 많고 활기찬데 거기에 대한 괴리감이 많았어요. 격리병동 종사자들은 나가 놀 수가 없고 '오프' 나면 계속 집이나 기숙사에 들어가 나오지 않거든요. 이게 언제 끝날지도 모르고 그나마 사회가 함께 긴장 상태면 묻혀서 가겠는데 바깥세상은 완전히 다른 것 같으니 혼란스러워해요. 한 분은 손으로 뜬 수세미를 잔뜩 갖고 와서 선물로 주더라고요. 어디 나가질 못하니 이거라도 뜨면서 마음을 가다듬은 거죠. 보건의료 현장 안팎의 분위기가 너무 다르다는 걸 느끼고 있는 요즘이에요.

- **신광영** 저는 학생들을 만나 강의하는 게 일상이었는데 그게 이제 온라인으로만 가능해졌어요. 외국 교수들과 하는 공동연구 작업도 줌(zoom) 화상회의로 진행하고요. 집이 일터가 됐어요.

■ **박혜영**   저는 지난 주말 산업재해로 38명이 사망한 이천시 물
류센터 사고 현장을 다녀왔어요. 가는 길 차가 엄청 막
혔어요. 나들이객이 정말 많았어요. 현실감이 안 느껴
지더라고요.

현장에 도착하니 나들이객으로 꽉 막히던 도로 위와 완전히
다른 세상이었어요. 서른여덟 가정의 유가족들이 불안
과 혼란 속에서 우왕좌왕하고 있었어요. 그 속에 재외
동포비자로 입국한 이주노동자 세 분의 유가족도 섞여
있었어요. 의사소통도 안 되고 굉장히 주눅든 상태로
계셨어요. 가족을 잃은 슬픔은 물론이고, 이분들이 재
외동포비자를 통한 가족 초청으로 한국에 머물고 계셨
거든요. 한순간에 체류 자격이 붕 떠버리게 된 거죠. 가
족 모두 한국에서 쫓겨날까 봐 걱정하고 있었어요. 한
이주노동자 사망자의 어머니는 암 투병으로 수술을 앞
둔 상태였어요.

**코로나19로 많은 것이 달라졌지만, 노동자가 일터에서
죽는 일은 코로나19 이전이나 이후나 달라지지 않았어요.**

■ **박혜영**   제가 속한 노동건강연대에서 '이달의 기업 살인'이라는
자료를 매달 한 번씩 발표해요. 일하다가 죽는 사람 수
가 얼마나 되는지 사례들을 모아요. 언론에 보도된 최
소한의 산재 사망 사고만 모으는데도 지난 4월에 91명,
3월에 58명, 2월에 55명이었어요. 사실 코로나19 이후
공장도 멈추고 공사도 멈추는 일이 많으니 위험한 현

장도 줄어들 테고, 자연스레 산재로 돌아가시는 분도 좀 줄어들지 않을까 기대했어요. 그런데 전혀 아니었어요. 위험한 현장은 계속 돌아가고 있어요. 방역은 세계 최고라고 하는데 이 부분은 달라지지 않았어요. 사람을 살리고자 하는 일에 우리나라가 정말 잘할 수 있다는 게 이번에 증명되었거든요. 마음만 먹으면 정말 모든 자원을 투입해서 사람이 죽는 일을 막을 수 있잖아요. 그런데 왜 일하다가 사람이 죽는 일을 막지는 못할까요.

■ **신광영** 1년에 우리나라 자살 사망자가 보통 1만 5000명 내외예요. 산재 사망자는 2000명 가까이 되고요. (2019년 기준 산재 사고 사망자 855명, 산재 질병 사망자는 1165명이다. ― 편집자 주) 코로나19 사망자는 지금(5월 6일)까지 255명이에요. 코로나19로 사회가 뒤집어졌는데 왜 자살 사망, 산재 사망에는 감각이 없을까요. 우리의 인식, 세계에 대한 인식이 뭔가 편향되고 왜곡된 형태로 존재한다는 사실을 이번 사태를 통해 알 수 있어요.

코로나19 이후에도 수많은 노동 문제가 발생했어요.
많은 노동자들이 갑자기 일자리에서 쫓겨나고, 무급 휴직을
권고받거나 임금 삭감을 일방적으로 통보받기도 하고요. 코로나19와
노동에 관해 어떤 사건이나 장면이 기억에 남으시나요?

■ **김명희** 저는 가장 기억에 남는 게 77세 간병 노동자의 사망이에요. 당뇨가 있는 노인 분이 시급 4200원을 받고 청도

대남병원에서 환자를 돌보다가 본인도 감염되어 돌아
가셨어요. 정부에서 보건의료인 감염을 집계할 때 간병
인은 아예 포함시키지 않아요. 돌봄노동 평가절하까지
포함해 우리나라 노동 현실을 집약적으로 보여주는 사
건이 아닐까 싶어요.

■ **박혜영** 인천공항에서 버스를 기다리다가 옆에서 인천공항 노
동자들이 나누는 대화를 우연히 들은 적이 있어요. 공
항 리무진버스 운행이 절반 이상 준 탓에 교통편이 많
이 사라져서 출퇴근 시간이 4시간 이상 걸린다는 이야
기를 주고받고 있었어요. "야 너는 몇 시간 걸려?" "네
다섯 시간. 너는?" "나는 새벽 3시에 나와." 그러면서 이
분들이 또 한편으론 안심하는 거예요. "근데 운행이 중
단된 리무진 기사들은 무급으로 쉰다더라고. 우리는 그
래도 고맙지 않냐?"

그런데 나중에 인천공항 노동자들을 지원해주던 노무사들
이야기를 들어보니 그렇게 초반에는 유지되던 파견업
체 소속 일자리들이 순차적으로 다 없어졌다고 하더라
고요. "그래도 고맙지 않냐?" 하던 노동자들도 해고당
했을 공산이 크고요. 실시간으로 사람들이 일터에서 사
라지고 있구나, 일자리를 잃어가는 과정을 우리 사회가
목격하고 있구나 하는 생각이 들었어요.

노동과 방역은 어떤 상관관계가 있을까요? 우리 사회 노동구조의
문제점이 실제 코로나19 확산에 영향을 미치기도 했을까요?
콜센터 집단 감염 같은 사례를 보면 증명되는 것 같기도 한데요.

- **김명희** 심증은 다 있는데 통계로 잘 집계되진 않아요. 미국 같은 경우는 코로나19 확진자 통계에 인종에 따른 차이가 잡히면서 인종차별 문제가 방역과도 관련 있다는 사실이 확실히 증명돼요. 우리나라도 만약 확진자 통계에 직업이 무엇인지, 비정규직인지 정규직인지가 담겨 있다면 연관관계가 파악될 텐데요. 현재로선 불가능하죠.

- **임승관** 보건의료 사업장이 제일 위험할 것이고 특히 그중에서도 환자와 밀접하게 접촉하는 지점 즉 돌봄, 간호 노동 순서로 위험도가 높을 거예요. 분당제생병원, 의정부성모병원, 효사랑요양원에서도 증명된 바 있죠. 제생병원 유행 시에 간호사 등 병원 노동자의 감염 사례가 많았던 이유는, 해당 병동이 간호·간병 통합병동이었고 더 많은 밀접접촉이 불가피했기 때문일 거예요. 사업장의 공간 환경도 감염을 좌우해요. 콜센터 집단 감염 사례처럼 지나치게 많은 사람이 일하는 일터, 창문 등 환기 시설이 부족한 사업장이 위험해요. 무엇보다 아픈 사람이 출근해야 하는 사업장이라면 집단 감염에 매우 취약할 거예요.

- **김명희** 미국의 직업별 코로나19 확진 데이터를 보면요, 보건의료 종사자들이 압도적 1위이지만 경찰도 많아요. 배달 노동자, 버스나 지하철 등 대중교통 종사자, 호텔 도어맨들도 많이 감염됐어요. 또 밀폐된 냉동 공간 안에서 일하는 정육공장 노동자들도 집단 발병했어요. 우리나라도 미국만큼 폭발적으로 감염이 일어난다면 이런 종류의 서비스직 종사자들이 위험해질 확률이 높아요.

- **임승관** 경기도 코로나19 전문가 자문위원회 책임을 맡고 있는 김홍빈 분당서울대병원 감염내과 교수가 늘 해주시는 이야기가 있어요. 20년 전 공보의 역학조사관 시절에 학교급식으로 인한 유행 질병 조사사업에 나가셨대요. 학교 조리실 노동자에게 '지난 1년 동안 장염 증상이 있을 때 근무를 쉰 경험이 있나'라고 물어봤더니 단 한 명도 없었대요. 설사병이 나도 출근을 했다는 거죠. 20년 전 이야기지만 지금 현장에서도 분명히 그런 일이 있을 거예요. 노동과 방역이 동떨어진 게 아니에요. 좋은 노동환경을 만들면 좋은 방역 환경도 같이 만들어질 수 있어요.

**코로나19 확산 초기 노동이나 고용 이슈는
다소 전면으로 부각되지 못했어요.**

- **박혜영** 우리나라에서 노동과 관련된 관공서는 그동안 코로나19와 한 발짝 떨어져 있었어요. 오스트레일리아에서는 총리가 학교 휴교령을 발표하면서 학부모들의 유급휴직 방안도 같이 발표했어요. 충격 받았어요. 학교를 휴교하면서 어떻게 유급휴가도 같이 얘기할 수 있지? 그런데 이게 정상이잖아요. 노동부, 교육부 구분 없이 정책이 섞여 시행되어야 하잖아요.

- **김명희** 노동윤리와 노동자 보호가 상충하는 지점을 연구하려고 외국 문헌 조사를 하다가 당황했어요. 서구에선 휴교령을 내리면 보건의료 노동자들도 출근을 안 하게 되

니 그 딜레마를 어떻게 충족할까가 과제더라고요. 무슨 일이 있어도 출근해야 하는 우리나라와 노동환경이 너무 다른 거예요.

■ **신광영** 휴교가 노동에서도 많은 문제를 드러냈어요. 휴교하면 학생이 학교에 안 가지만 동시에 학부모의 돌봄 노동이 필요해져요. 정규직 교사는 재택 근무하는데 비정규직 돌봄 교사는 학교에 출근해야 하고요. 비정규직, 맞벌이 여성, 일하는 여성의 돌봄 노동 문제 등 여러 가지 노동 불평등이 이번 코로나19로 인한 휴교 상황에서 종합적으로 드러났어요.

코로나 이후 새롭게 부각되는 노동 문제들이 있을까요? 특히 노동 현장에서 접수되는 여러 진정, 문의 내용이 어떻게 달라졌나요?

■ **박혜영** 기존에 아팠던 문제가 다 드러나요. 뾰족하고 적나라하게 합리화되는 상황이랄까요. 최근 무급휴직 강요, 권고사직 사례가 많은데요, 사실 예전부터 사업주가 마음대로 하고 싶었지만 안 하거나 못했던 부분이거든요. "코로나19 상황이니까…"라며 밀어붙이는 거죠. 노동단체를 찾는 노동자들은 여전히 자신이 주휴수당, 산재보상을 받을 수 있는지 등 기초적인 사항을 많이 물어요. 중고등학교에서 한 번도 제대로 노동자의 권리를 배워본 적 없으니 노동 현장에서 불합리한 상황에 놓여도 제대로 대처할 지식이 부족해요. 앞으로 코로나19로 고용이 더 불안정해지는 상황이 지속될 거라면 기초적

인 노동 권리라도 숙지할 수 있게끔 정부가 나서야 하지 않을까요.

■ **김명희** 특수고용 노동자나 프리랜서들도 정부 지원을 받을 수 있다고 하지만 쉬운 일이 아니에요. 퀵서비스 노동자가 정부지원금을 받으려고 알아보니 수입이 감소했다는 걸 증명하는 서류가 필요한 거예요. 이분이 전속이 아니라 한 8군데 이름을 걸어놓고 콜이 오면 받는데, 그 모든 업체를 찾아가 서류를 뗀다는 게 사실상 불가능하거든요. 앉아서 인터넷에서 절차를 알아보고 신청할 시간도 없고 그 과정도 어렵고요. 이런 노동자들은 마스크 대란 때도 줄서서 살 시간이 없어 그냥 다녔어요. 손 씻을 장소도 잘 없고 공중화장실에 비누가 잘 갖춰져 있는 것도 아니고요.

■ **박혜영** 특히 배달 노동은 이번에 한국 사회의 중요한 연결 노동임이 확인됐어요. 그런데 이 사람들은 노동자면서 노동자가 아니에요. 타다 논란 때도 그랬지만, 새로운 곳에서 일하는 사람들의 노동조건이 사업의 중요한 영역으로 인지되지 못하고 있어요. 지금 플랫폼 노동의 형태에서 한국 사회가 배울 점이 많아요. 노동은 재빠르게 다양한 형식으로 제공되는데, 실질과 관계없이 노동법은 과거 사업장 중심의 노동에 머물러 있어요. 그런 가운데 코로나19는 더욱 다양한 형식으로 노동을 재편할 것이라는 전망이 많아요. 우리는 어떤 준비를 하고 있을까 더 들여다봐야 해요.

■ **신광영** 제도적으로 파악이 안 되는 특수고용 노동자와 플랫폼

노동자 등 비공식적 노동자가 100만 명을 넘어요. 이 사람들은 대부분 4대 보험에 가입돼 있지 않아 어디론가 사라져버려도 그 사실을 알아채기도 힘들어요. 보이지 않는 노동자들이고 다시 회생될지 기약도 없어요.

한국도 그렇고 전 세계적으로 지금부터가 본격적인 상황이 전개될 것 같아요. 국제노동기구(ILO)가 최근 발표한 자료에 따르면 전 세계 노동자의 81%인 27억 명이 해고, 노동시간 단축, 임금 삭감 등의 영향을 받을 거라고 전망했어요. 지금 당장보다는 앞으로 3~6개월 뒤 더 심각한 상황이 들이닥칠 텐데 어떻게 대응할 수 있을까요. 우리 정부는 약간 어려운 상황 정도를 전제로 대응 정책을 짜는 것 같아 우려스러워요.

이번에 재택근무, 유연근무도 빠르게 확산됐는데 이것이 새로운 노동 문제를 일으킬 수도 있을까요? 예를 들어 집에서 재택근무로 일하다가 뒤로 넘어져서 다치면 이것은 산재일까요 아닐까요? 자기 집에서 자기 노트북으로 자기 전기료를 내고 자기가 산 커피믹스를 마시며 일하는 것에 문제는 없을까요?

■ **김명희** 재택이나 원격근무라고 하면 뭔가 혁신적인 이미지를 떠올리지만 실제로 그런 경우는 드물어요. 이번에 콜센터 등에서 원격근무를 도입한 곳들이 있는데 노동강도가 장난이 아니라고 하더라고요. 그런 업종은 얼마나 로그인해 있는지, 즉각 대응하고 있는지 초 단위로 감시가 가능해요. 노동강도가 절대로 약해지지 않았고 오

히려 사무실에서 일을 할 때보다 휴게 시간과 공간이 더 여의치 않아요. 사회적 고립감도 작게 평가할 수 있는 게 아니고요. ILO 등에서는 실제로 원격근무와 관련된 건강관리 지침을 내놓기도 해요. 한국에서는 아직 명확한 지침이 없어요. 장애인 등 출퇴근이 어려운 사람에게는 기회가 될 수도 있지만, 재택근무가 모두에게 낭만적인 것만은 아니에요. 만약 이걸 노동의 뉴노멀로 본격화하려면 대비책이 먼저 만들어져야 해요.

■ 박혜영 과도하게 자율적이거나 과도하게 경직되거나, 재택근무는 둘 중 하나가 될 거예요. 과도하게 자율성에 맡겨놓고 문제가 생기면 다 개인 탓으로 돌릴 수도 있어요. 아니면 콜센터처럼 과도하게 관리하면서 옥죄는 식이겠죠. 똑같이 배탈이 나서 화장실에 간다 해도 사무실에서 일할 때는 허용이 되던 게 재택근무에서는 의심받는 거죠.

■ 신광영 재택근무는 생각보다 복잡한 문제예요. 일종의 하층, 플랫폼 노동자인 경우와 대기업, 엘리트 직종에 종사하는 경우 완전히 다를 수 있어요. 노동자들 내부의 격차가 커질 거예요.

**한편으로 코로나19 이후 노동에서
어떤 혁신이 가능해진다면, 어떤 부분에서일까요?**

■ 박혜영 타다 논쟁 때, '이게 혁신이라고 하는데 한국에서 가장 낙후된 노동자의 노동권을 보호하는 혁신이라면 얼마

나 멋있었을까'라는 생각을 많이 했어요. 일하는 사람
들이 다치지 않거나 수월하게 일을 해서 노동을 돋보이
게 하는 방식이 진정한 혁신일 수도 있는데, 우리 사회
에서 혁신을 논할 때 늘 그 부분이 빠져 있어요. 코로나
19로 인해 다양한 혁신이 시도될 테지만 그럴 때마다
노동에 대한 이야기를 같이 해주지 않으면 이 사회 구
성원들이 제대로 보호받지 못하는 상황이 계속 반복될
거예요.

- **임승관**　광장 같은 게 열린 것 같아요. 원하는 사람이 마이크 잡
고 얘기할 수 있는 기회가 생겼어요. 이 상황에서 누가
마이크를 잡을 수 있는가가 중요해요. 그런 무대를 활
용하는 분배를 조절하는 게 정부의 역할이고요. 한국
정부가 이른바 'K방역'에 성공하고 나서 물자 중심의
4차 산업혁명, 기술혁신 같은 이야기들이 많이 도는데,
그에 못지않게 시민사회 노동 분야의 목소리가 마이크
로 많이 전달되는 게 중요할 것 같아요.

- **신광영**　K방역과 같은 성공의 경험을 사회 전체 영역으로 확산
시켜서 어떻게 혁신할 것인가? 노동 문제와 사회 자원
으로서의 복지 문제를 어떻게 연결시켜 새로운 틀을 만
들 것인가? 이런 질문을 방치하고 K방역만 내세운다면
그것도 또 다른 '헬조선'일 수 있어요.

**코로나19가 노동 불평등을 심화시킨다고 하잖아요. 정규직과 비정규직
사이의 격차를 늘린다는 이야기는 많이 나온 것 같아요. 그런데
그런 고용 형태뿐만 아니라 업종별, 성별, 세대별 등 다른 조건에**

따라서는 어떤 영향이 있을까요? 이를테면 가장 많이 타격받는 업종은 어디일까요? 노인 실업 문제가 청년 실업 문제보다 더 심각해질까요? 여성 노동자가 남성 노동자보다 더 힘들어질까요?

■ 신광영 업종별로 보면 제조업은 한국에서 비교적 타격이 적은 편이에요. 미국은 2000~3000만 명이 해고되고 있는데 한국은 별로 그렇지 않아요. 애초 로봇 사용 비율이 가장 높은 나라이기 때문이에요. 이미 너무 많이 자동화 돼 있어서 역설적으로 타격이 크지 않은 상황이에요. 다만 결국 수출할 데가 없으면 문을 닫을 거예요. 제조업은 그 효과가 서서히 나타날 거예요. 대신 숙박, 음식, 도소매, 예술, 스포츠, 영화관, 교육 서비스 이런 업종이 바로 타격을 받았어요.

■ 박혜영 라디오 프로그램 〈여성시대〉를 자주 듣는데 최근 일하는 여성들의 고충 사연이 많이 올라와요. '학교 휴교로 아이를 돌봐야 하는데 부모님한테 못 맡기면 둘 중에 하나는 휴직하거나 일을 그만둬야 한다. 결국 엄마인 내가 그만뒀다. 슬프지만 현실은 그렇다.' 이런 사연들이 폭발적으로 나오더라고요.

■ 신광영 1998년에 농협 여성 사원 정리해고 사건이 있었어요. 직원 구조조정을 하는데 해고 0순위를 사내 부부, 그중에서도 여성을 대상으로 삼았어요. 기혼 여성 700여 명이 사직서를 냈어요. 경비 절감, 생산성 향상을 명분으로 구조조정을 하는데 왜 그것과 무관하게 맞벌이 부부 여성을 타깃으로 했는지 아무런 근거가 없었어요. 실적

이나 역량을 본 것도 아니고 무조건 여성이기 때문에 먼저 해고당했어요. 그때로부터 20년 넘게 지났는데 지금도 그때와 비슷하게 여성이 먼저 일자리를 잃고 있는 거죠.

■ **박혜영** 그게 향후 통계에서 드러날까요? 고용보험 가입자 중에서도 실업급여는 자발적 퇴사자의 경우 신청을 못하잖아요. 도저히 아이 돌봄과 병행이 안돼서 일을 그만두는 여성 노동자의 경우 법적으로는 자발적 퇴사자로 잡혀요. 정부 정책들은 모두 데이터를 기반으로 할 텐데 통계로 잡히지 않는 이런 경우 어떻게 추산해야 할지 궁금하네요.

■ **신광영** 고용보험과 건강보험으로 고용의 변화가 나타나긴 하지만 일부에 불과하죠. 4대 보험에 가입하지 않은 비정규직은 아예 잡히지 않고요. 비정규직의 60% 정도가 4대 보험에 가입되어 있지 않은 것이 현실이에요.

■ **박혜영** 최근 노동 상담을 해보면 한두 명이 일하는 작은 사업장에서 자발적으로 그만두는 노동자들이 많아요. "장사도 안 되는데 사장님한테 미안해서 그만두고 나왔다"라는 말을 정말 많이 들었어요. 지난달 고용지표에서 20~30대 중 "그냥 쉰다"는 비율이 꽤 높았어요. 이런 사람들이 아닐까 추정돼요.

"사장님께 미안해서 스스로 그만둔다"는
노동자들을 지원할 수 있는 정책은 없나요?

■ **박혜영** 그런 분들에게서 상담 전화가 오면 일단 4대 보험 가입 여부를 물어봐요. 그러면 대부분 가입돼 있지 않다고 하죠. 지금 소급해서라도 들 수 있지만 굳이 지금 와서 정부에 신청하고 뭔가 다툼을 만든다는 걸 굉장히 싫어하세요. "전화를 해 봅시다" 하면 그냥 끊어요. '지자체나 정부에서 위기에 처한 실업자에게 뭔가 이것저것 준다고 하니 나도 해당하는 건가?'라며 적극적인 사람들은 여기저기 전화를 해봐요. 고용노동부에 먼저 전화를 하면 일단 요새 계속 통화중이고요, 돌고 돌아서 우리 같은 시민단체까지 와요. 그런데 또 4대 보험 가입 여부를 물으니까 다 끊는거죠. 장벽이 어마어마해요. 정부 정책이 잘 돌아가고 있다는 걸 평가할 여지 자체가 없어요. 미국은 완전 록다운(lockdown)되고 사망자도 많아서 충격이 컸지만 '한국은 그 정도는 아니야'라는 인식이 좀 있는 것 같아요. 서서히 끓는 냄비 안의 개구리가 되어가는 느낌이에요.

■ **신광영** 구조적인 변화가 일어나고 있는데 기획재정부(기재부)도 그렇고 아직 감을 못 잡았어요. 지금 우리는 위기로 진입하고 있는 단계인데 대책이 모두 한두 달짜리 단기용이에요. 추경을 짜며 땜질하듯이 접근해요. 올가을 정도 되면 실업자가 쏟아질 텐데, 확진자가 좀 감소했다고 너무 지금 많은 사람들이 문제가 다 해결된 것처럼 생각해요.

■ **임승관** 방역 1라운드에서 국제사회가 비교가 되었고 우리가 잘한 편이었던 건 맞아요. 경제나 고용 부문에서도 앞

으로 비교가 될 거예요. 개인적으로 북유럽 복지국가들의 1년 뒤가 궁금해요. 생산성이 낮다면 결국 분배를 어떻게 하느냐가 그 사회를 유지하는 근간이 되고, 불안 동요를 억제하면서 사회를 통합하는 원리가 될 거예요. 1930년대 대공황 시기는 시민사회주의, 복지국가 모델이 분명치 않았던 때고, 지금은 모델이 있어요. 북유럽이 서유럽, 북미와는 어떻게 다르게 갈지 궁금합니다.

■ **신광영** 유럽 국가에서 내놓는 고용안정 정책은 사실 새로운 게 아니라 기존 정책을 강화한 것들이에요. 오히려 그런 안전망이 없던 곳에서 새 정책을 많이 내요. 미국이 대표적이에요. 기존 제도가 없고 복지가 취약하니 '돈을 뿌리는' 정책이 나온 거죠. 또 가장 큰 차이는 재정수요에 대응하는 방식이에요. 유럽의 많은 국가들이 대공황 정도의 상황에 대비해 재정적자를 감수하는 쪽으로 가고 있어요. 우리나라는 정부 재정적자 비율이 낮은데도 불구하고 기재부가 계속 발목을 잡아요. 앞으로 거시경제 차원에서 만약 경제가 안 좋아지는 상황이 온다면 주된 요인은 소극적인 재정 운영과 관련된 정부의 역할에서 찾을 수 있을 거예요. 너무 안일하고 소극적으로 대응한다면 방역은 성공했는데 경제는 망하게 되는 상황이 올 수도 있어요.

이제껏 노동계급 내 불평등을 심화시킨 주범 중 하나로 꼽히던 게 신자유주의 세계화예요. 자본과 노동력이 국경을 넘나들 수 있게 되면서 혜택을 누리는 국가나 집단, 피해를 겪는 국가와 집단의 격차가

벌어졌어요. 코로나19로 이런 세계화의 흐름이 멈출 것이라는 전망이
새롭게 나오고 있는데요. 그렇다면 노동 불평등 문제도 다소 해결될까요?

■ 신광영   코로나19가 의도치 않게 신자유주의적 시스템 자체를
        새롭게 변화시키고는 있지만 불평등을 약화하기보다
        오히려 심화할 확률이 높습니다. '1대 99'가 아니라 '0.1
        대 99.9'의 사회로 만들어내는 요소가 될 수 있어요. 비
        정규직, 장애인, 노인 등 당장 가장 취약한 부문이 타격
        을 받고 있어요. 또 이른바 엘리트 노동자가 누군지 뚜
        렷하게 드러나는 상황이 됐어요. 선진국이라 불리던 국
        가의 노동자들마저도 이런 분화를 겪으면서 전 지구적
        으로 불평등이 더 심해지고 있어요. 신자유주의 세계화
        가 문제가 있는 건 분명하지만 그것을 대체할 만한 정
        치세력이라든가 그런 동력은 약화된 상태였어요. 노동
        조합도 그렇고 시민사회 역량도 충분히 대응할 만큼이
        아니었고요. 위기는 심화되고 있는데 대안은 분명히 떠
        오르지 않는 상황에서 코로나19 바이러스는 불평등을
        더 강화할 거예요.

■ 김명희   궁금한 게, 이제껏 우리나라 영세 사업장의 노동환경
        이 차마 말로 할 수 없을 정도로 열악하잖아요. 그런데
        도 그걸 개선하는 대신 그 자리를 이주노동자들이 채우
        는 방식으로 유지돼왔단 말이에요. 만약 국가 간 이동
        제한이 심해지고 이주노동 또한 다소 제약이 되면 이론
        적으로는 그 부분을 한국의 노동자들이 채우게 될 텐데
        요, 그러다보면 지금보다는 노동환경이 좋아져야 할 것

같거든요. 그렇게 되지는 않을까요?

■ 신광영　그렇게 되려면 생산성이 낮은 영세 사업장들이 사라
져야 해요. 이게 가능할까요? 과거 사례가 좀 있어요.
1930~1940년대 스웨덴에서 있었던 일이에요. 노동조
합이 주도해서 '생산성이 낮고 저임금을 주는 기업은
사라져야 한다'는 정책을 취했어요. 연대임금 정책이
죠. 연대임금을 줄 수 없는 기업은 도산했고, 대신 거기
서 생기는 실업자 문제를 정부가 노동시장 정책을 통해
해결하기로 했어요. 적극적 노동정책이 그때 처음으로
등장했어요. 이런 연대임금과 적극적 노동시장 정책이
합쳐져서 만들어진 게 스웨덴 모델이에요. 그런데 많은
나라에서 그렇게 할 수 있을까요? 특히 우리나라에서
가능할까요?

서로 신뢰가 탄탄히 받쳐줘야 사회적 합의가 가능할 것 같네요.

■ 신광영　1990년대에는 네덜란드와 덴마크 모형이 나왔어요. 이
른바 유연안정성 모델이에요. 노사정 3자 타협으로 이
뤄냈어요. '노동조합은 해고를 인정하겠다, 기업은 실업
자 훈련과 재교육 비용을 분담하겠다, 정부도 적극적으
로 재취업 정책에 노력하겠다'는 3자 간의 타협이에요.
우리나라에서도 많이 연구가 된 모델입니다. 정부도 기
업도 노조도 알고 있고요. 그럼 누가 먼저 할 것인가가
관건이죠. 광주형 일자리 모형으로 부분적으로 시도가
되었지만 지금 삐걱거리고 있어요.

이런 모델이 긍정적으로 확산되려면 기재부의 재정 소요에 대한 적극적인 지지나 동의가 있어야 해요. 전경련이나 상공회의소 같은 경제단체와 노동계의 인정과 이해도 필요하고요. 사실 유럽 내에서도 프랑스 같은 데서는 이런 모델을 채택하지 않았어요. 해고를 인정한다고 하니 반대가 컸죠.

한국도 정부와 기업에 대한 노동조합의 불신이 강해서 국민 감정과 잘 맞지 않아요. 이제껏 노사정 합의란 것을 해서 타격을 본 쪽은 결국 노동자들이었다는 경험이 있거든요. 불신을 회복시킬 획기적인 무언가가 있어야 하는데, 그걸 기대할 수 있을지 사실 전 모르겠어요. 신뢰가 깔린 상태에서 만들어질 수 있는 모델이에요. OECD 국가 중 정부 신뢰도나 이웃에 대한 신뢰도가 가장 낮은 나라가 한국이에요. 대타협 같은 사회적 합의 모델이 만들어지기가 쉽지 않아요.

■ **박혜영** 그래도 우리가 대통령을 바꾼 민주주의 경험도 있잖아요. 광장의 민주주의와 노동의 민주주의가 약간 분리된 느낌은 있지만 그래도 시도해볼 여지는 있어요. 다양한 상상을 해볼 수 있을 것 같아요.

■ **신광영** 사실 저도 기대하는 게 그런 부분이에요. 지금 민주주의가 제대로 가고 있는 나라는 우리나라밖에 없어요. 미국, 일본 한번 보세요. 유럽도 점점 극우화되고 있고요. 신흥 민주주의 국가라 불리던 폴란드, 헝가리 등 동유럽 국가들도 권위주의 체제로 돌아갔어요. 그런 면에서 우리나라가 나름대로 가능성이 있어요. 코로나19 사

태가 가능성을 열어주는 계기가 되기를 기대해요.

- **임승관** 한국 민주주의는 주로 투쟁을 통해서 이루어왔어요. 타협, 약속, 신뢰, 존중과는 거리가 있어요. 그럼에도 불구하고 재건의 기회라고 생각해요. 코로나19 팬데믹으로 사회 경제 체제가 무너지는 것은, 레고 블록이 허물어지는 것 같은 일이 아닐 거예요. 마음먹는다고 바로 다시 새로운 구조로 쌓을 수 있는 그런 류의 분해가 아니겠죠. 연결되었던 부속들이 절단되듯 부서지는 허물어짐이 아닐까 싶습니다. 생산성 저하의 터널이 길고, 상당 기간 바닥을 치게 될 것 같아요. 자원은 부족한데 서로의 욕구는 상충되고요. 결국 그 자원을 차지하기 위한 새로운 질서가 등장할 가능성 속에서 민주주의가 너무나 중요해요.

- **김명희** 시민사회나 노동조합의 역할이 중요해요. 특히 조직률이 낮고 대기업 정규직 노조 중심인 한국에서 노조가 열심히 하면 할수록 노동계급 내 불평등이 심해지는 역설이 일어나요. 어느 선까지는 올라가야 해요. 노조가 싸우면 평균이 같이 올라갈 수 있는 지점까지 노조가 조직되어야 해요. 이번 사태에서 노조가 있는 사업장과 없는 사업장이 너무 다르다는 걸 실감했어요. 하다못해 노조도 양보할 수 있어요. 회사 측이 어려운 거 뻔히 아는데 돈 다 달라고 할 수 없잖아요. 그래도 그 과정을 지연시키고 조율하는 노조가 있느냐 없느냐에 따라, 마스크 한 장이라도 얻어낼 수 있다는 걸 다들 이번에 절실히 느끼지 않았나요? 마지막으로 이 글을 읽는 독자

들에게 이런 이야기를 꼭 하고 싶어요. 이런 국면에서
더 많이 노동조합을 이용하시라, 없다면 만드시라.

좋은 노동 환경이 좋은 방역 환경을 만들어낸다는 사실, 거꾸
로 말해 나쁜 노동 환경이 나쁜 방역 환경을 만들어낸다는 사
실은 이 대담 이후로도 계속 증명되었다. "지나치게 많은 사
람이 일하는 일터, 창문 등 환기 시설이 부족한 사업장이 위
험해요. 무엇보다 아픈 사람이 출근해야 하는 사업장이라면
집단 감염에 매우 취약할 거예요."(임승관) "밀폐된 냉동 공간
안에서 일하는 정육공장 노동자들도 집단 발병했어요. 우리
나라도 미국만큼 폭발적으로 감염이 일어난다면 이런 종류
의 서비스직 종사자들이 위험해질 확률이 높아요."(김명희) 이
런 예언도 그대로 들어맞았다. 대표적인 사례가 쿠팡 일용직
집단 감염이다. 방한복과 모자를 돌려쓰고 추운 냉동 창고 안
에서 콧물을 흘리면서 일하던 쿠팡 노동자들이 대거 코로나
19에 감염되었다. 하루·시간 단위로 노동자를 쓰고 버리는
노동 구조가 감염병 확산의 기폭제가 되었다.

　　전국민 재난기본소득이 지급되고 프리랜서 등 특수고
용노동자에게 긴급 지원금이 제공되기도 했지만, 여전히 수
많은 노동자들이 일터 바깥에서 서성이고 있다. 실업률이
20년 만에 최고치를 기록하고 월 가구소득이 반 토막이 났다.
특히 월평균 가구소득 200만원 미만 가구에서 일자리, 소득
감소가 두드러졌다. 신광영 교수가 이야기했듯 2020년 상반
기, 위기는 아직 시작도 안 했다. 엄청난 위기 앞에서 엄청난
대책이 나와야 할 텐데 그에 대한 사회적 합의가 아직 더디

다. 전국민 고용보험, 기본소득 정책 확대 등의 아젠다가 다소간 논의되곤 있다. 방법이 무엇이든, 비상한 위기 앞 비상한 대책의 진도가 빠르게 나갈수록 살릴 수 있는 사람의 수도 늘어날 것이다. 코로나19로 죽어가는 사람을 살리는 일은 방역뿐 아니라 노동에서도 이뤄낼 수 있다.

8장   공공의료

— #덕분에 응원보다 시급한 과제들

변진경
김명희
임승관
김창엽
안병선

2020년 5월12일 오후 7시30분
충북 청주시 오송읍 카페 레스팅플레이스

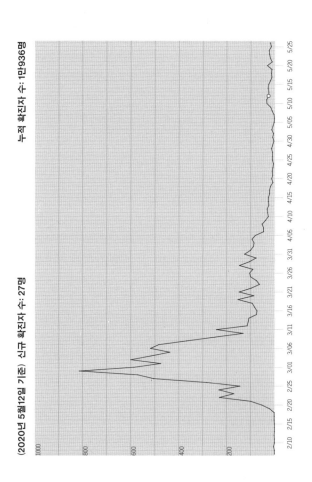

코로나19를 거치면서 우리나라 국민은 모두 한 번 이상씩은 공공보건의료의 혜택을 받아보았다. 인근에 확진자가 발생하면 이동 동선과 방역 여부를 알리는 지자체의 알림 문자가 도착했다. 보건소 선별진료소에서는 무료로 검사를 해줬다. 자가격리자에겐 보건소 직원이 매일 안부 겸 감시 전화를 걸고 즉석밥, 김, 참치캔, 생수, 휴지 등을 가져다줬다. 코로나19 확진자가 되면 앰뷸런스가 병원까지 태워줬다. 병원이나 생활치료센터에 들어간 환자는 PCR 검사에서 음성이 두 번 나올 때까지 모든 입원비와 검사·진료·치료비가 무료였다. 많은 국민이 자부심을 느낀 이 모든 일들은 시장이 아닌 공공영역에서 작동한 보건의료 서비스였다.

물밑에선 위태로웠다. 늘어나는 수요를 한정된 공급으로 감당해내는 현장은 수면 아래 백조의 발놀림처럼 숨 가쁘고 치열했다. 가까스로 감당해낸 부분도 있지만 바닥을 드러내거나 실패한 경우도 있었다. 공공보건의료 현장에서 일하는 많은 이들은 "모래 위의 성 같았다"라는 말을 한다. 그만큼 부족하고 허약했다. 공공병원의 병상이 턱없이 모자랐고 보건소, 선별진료소, 병원 모든 곳에서 일손이 부족했다. 임시방편과 행운으로 버텨갔다고들 술회한다.

이번에는 버텼지만 다음에는? 공공보건의료가 튼튼한 토대 위에 쌓은 건축물이 되려면 결국 돈이 필요하다. 국가 예산이고, 국민의 세금이다. 토대는 하루아침에 다져질 수 없다. 군대와 소방서처럼, 전쟁이 없고 불이 나지 않았을 때에도 유지되어야 진짜 일이 벌어졌을 때 제대로 된 역량을 발휘할 수 있다. 사스, 메르스에 이어 코로나19를 지나오면서 공

공보건의료 전문가들은 국민의 마음이 궁금하다. 공공보건
의료의 토대를 위해 사회자원을 더 투입해야 한다는 공감대
가 형성되었을까? 더 정확하게, 국민들은 이 부문에 일정한
비용을 지불할 의사를 갖게 되었을까?

여덟 번째 이야기는 '공공보건의료'이다. 감염병 전문
병원을 몇 개 짓고 질병관리본부를 청으로 승격하는 논의가
시작점이 될 수는 있지만 모두를 담아내지는 못한다. 조금 더
폭넓은 공공보건·공공의료 이야기를 위해 김창엽 서울대 보
건대학원 교수(시민건강연구소 소장)와 안병선 부산시 건강정책
과장을 모셨다. 김 교수는 오랜 기간 국내외 보건의료정책을
연구하며 보건의료 개혁, 건강 불평등 완화 등에 목소리를 내
온 학자 겸 활동가이다. 안 과장은 우리 사회 몇 안 되는 의사
출신 공무원이다. 보건소장, 역학조사관 등 지역 사회 공공보
건의료 현장을 두루 거쳐 왔다. 부산시청에서 코로나19 대응
총괄 책임을 맡아온 그는 '부산의 정은경'으로도 통한다. 바쁜
전문가들의 시간을 조금이라도 아껴드리기 위해 서울-부산
사이 중간 지점인 KTX 오송역 인근에 대담 장소를 잡았다.

안병선 과장님, 김창엽 교수님 두 분 모두 공공보건의료
분야에서 오랫동안 활동해오셨는데요, 특히 코로나19 이후
어떤 일을 하셨고 어떤 생각들을 해오셨는지 궁금합니다.

■ 안병선 저는 부산시의 주요 정책과제인 공공의료 강화를 위해
일해 왔어요. 지난 1월 중순부터는 코로나19 대응 업무
에 주력해오고 있고요. 오늘(5월 12일)까지 부산시 코로

나19 확진자는 144명이에요. 매일 브리핑을 해오다가 환자가 많이 줄어서 일주일에 세 번으로 줄이겠다고 했는데, 금방 기차 타고 오는 중에 부산에서 클럽 관련 확진자가 또 발생했다는 소식을 들었습니다.

- **김창엽** 저는 예전을 좀 되돌아봤는데요, 지난 메르스 유행 당시 한국의 보건 시스템이 제대로 구성되어 있지 않다는 생각을 많이 했었어요. 건강보험, 병원에서의 치료 등이 의료 시스템이라면 예방, 방역, 감염병 관리는 보건 시스템이에요. 이게 제대로 되어 있지 않아요. 일부는 의료 시스템에 맡겨놓고 일부는 지방행정에 맡겨놓고요. 그걸 메르스 때 절감했어요. 코로나19가 오기 전 그 사이 무언가 했어야 하는데 제대로 바꿔놓지 못했어요.

코로나19를 거치면서는 해결책이랄 게 잘 안 보여서 답답했어요. 제대로 봉쇄를 안 하면 영국이나 미국처럼 수많은 사람들이 병사(病死)하고, 열심히 봉쇄하면 사회경제적 약자들이 굶어 죽어요. 병에 걸려 죽거나 굶어 죽거나 그 사이에 뾰족한 수가 없어요. 무력감이라고 할까, 해결책이 안 보이니 주장할 만한 것도 별로 없어서 좀 무력한 기분을 느꼈던 것 같아요.

다른 분들은 어떠셨어요? 이번 코로나19 국면에서 느낀 한국 공공보건의료의 현실 앞에서 다소 무력하거나 답답했던 경험이 있었나요?

- **임승관** 저는 경기도 내에서 공공의료자원을 확보하고 배분하고 활용하는 역할을 맡아왔는데요, 경기도 의료원들의

규모가 다 너무 작아요. 제가 속한 안성병원이 경기도 의료원 중 허가 병상 규모가 제일 큰데 겨우 249병상이에요. 도내 공공병원들의 이런 규모로는 중환자 진료 기능을 제공할 수 없으니 민간 부문과 함께 일하는 구조를 짜야만 했죠. 공공의료기관이 기능적으로 약해서 민간 병원들에 협력을 요청하고 네트워킹하는 일들을 지난 3개월간 긴급대책단이 해왔어요. 그런 속에서 공공의료에 대한 자부심도 있지만 기능적으로 결핍된 부분의 한계를 계속 절감하고 있어요.

　　의료는 전달체계가 핵심이에요. 공공의료기관이 의료적으로 상위 기능을 수행할 수 없으면 지역 체계의 중심이 되어 전체 의료 시스템을 주도하거나 코디네이션(조정)하는 역할도 하기가 어려워요. 교육훈련 등 인적자원의 재생산과 정책 수행의 중심이 될 수 있는 규모의 공공병원이 꼭 필요해요. 공공병원의 양적 확대, 결핍 지역의 확충, 지역별 안배도 중요하지만 권역별로 기능적 전달체계를 완성하는 것이 핵심일 것 같아요.

■　**안병선**　부산시 안에 부산의료원 외에 보훈병원, 동남권 원자력병원, 부산대병원 등이 있어요. 이 가운데 코로나19가 발생했을 때 '쟤가 진짜 공공병원 맞아?' 하는 병원들이 나와요. 외피는 공공병원인데 코로나19 환자를 한 명도 안 보는 곳들이 있어요. 부산에서 제구실을 하는 게 사실상 540병상의 부산의료원 하나뿐이에요.

　　코로나19 대응을 위해 부산의료원을 소개(疏開)하니 문제가 발생했어요. 부산의료원이 아니면 어디에도 못 가는 환자들이 있거든요. 노숙자, 취약계층 등 민간 병원에서 안 받아주는 분들이에요. 최근 코로나19 환자가 감소하면서 부산의료원 일부를 다시 일반 환자에 열었더니 응급실과 외래가 미어터지는 거죠. 그동안 못 왔던 환자들이 입원을 하기 위해서 온 거예요. 공공의료원이 두세 개만 되어도 이런 문제를 좀 보완해줄 텐데요. 코로나19가 아니라 다른 병으로도 더 아프고 돌아가실 수 있겠다고 생각했어요.

▪ **김창엽** 다른 필수 의료체계가 어떻게 망가졌는지 나중에 다 평가해봐야 해요. 대구의 투석 환자가 인천까지 갔다는 이야기도 들었어요. 대구만 그랬을까요? 투석이니 심장질환이니 많은 응급환자들이 코로나19가 아니라 본래 있던 병을 제대로 치료받지 못해서 죽은 사람도 많았을 거예요.

단순히 공공병원, 공공병상 수를 늘리는 일 이상이 필요하군요.

▪ **김창엽** 절대적인 병상수를 확보하는 것도 중요하지만 전체를 통합하고 조정하는 기능이 필수적이에요. 이번에 대구에서 하루 확진자가 1000명 가까이 생겼을 때 '이거 큰 사달이 나겠다' 했어요. 한국의 지금 시스템에서 빤히 짐작이 가는 거죠. 우리는 기본적으로 시장 시스템이에요. 아프면 의원에 가고 의원에서 "큰 병원 가셔야겠습니다" 하면 환자가 직접 알아서 2차, 3차 병원 응급실이나 외래를 찾아갔어요.

코로나19 경증·중증 환자를 어떤 병원에 어떻게 배치할 건지, 이런 조정을 누가 지휘할 것인지, 지금까지 한국은 경험을 해본 적이 없었어요. 공공의료원이 몇 개 더 있다 한들 바깥에서 환자 2000명이 입원을 못하고 있으면, 누가 어떤 병원에 어떤 환자를 배치할지 가릴 수 있을까요. 같은 지역 안에서도 2차와 3차 사이, 3차 여러 병원 사이 공식적인 조정 메커니즘이 없었는데요. 시도 경계를 넘어가면 더 안 되었고요. 의사들끼리 알음알음 "받아주라" 하면서 꾸역꾸역 3~4주를 지나왔어요. 환자가 이탈리아처럼 많이 발생했으면 정말 대재앙으로 갔을 거예요.

이게 바로 공공 시스템이에요. 공공병원 말고 공공 시스템. 정부는 민간이 열심히 자원봉사도 하고 병상도 내줬다며 '공공과 민간 협력모델로 성공했다'고 모른 척 지나가려 하는데요, 민간 측은 사실 어쩔 수 없이 눈치 보고 했던 거예요. 시스템이 형성되어 있는 게 아니고요. 당장 2차 대유행이 오면 아수라장이 될 가능성이 있어요. 이 공적 시스템을 급한 대로 올가을과 겨울에 대비해서 임시로라도 좀 만들고, 과거보다 빨리 돌아가게 해야 해요.

■ **김명희** 그럼에도 불구하고 여전히 (공공보건의료자원의) 양이 부족하다는 게 1차적 문제예요. 지금쯤이면 양이 최소한으로 갖춰진 다음 어떻게 소프트 거버넌스를 구축할 것인가 논의돼야 할 것 같은데 어째 양 이야기도 들어가는 분위기예요. '민간이 잘해줬다' '민간도 공공의료자

원이다' '그래서 공공자원 확보가 굳이 더 필요 없다' 같
은 이야기들이 스멀스멀 올라와요.

- 안병선 민간이 잘해줬어요? 저는 잘 모르겠어요. 지금도 제일
중요한 업무 중 하나는 병원장님들 연락처를 들고 있다
가 전화 거는 일이에요. 어느 병원서 환자를 안 받아주
더라 하면 전화해서 호소하는 거죠. 소위 말하는 상급
종합병원에서 '코로나19 의심되면 못 받겠다'고 해요.
그러면 "거기서 안 받아주시면 누가 받아줄 거냐" 요즘
이런 일을 하고 있어요.
- 김창엽 이게 공공보건의료 시스템의 현 상황이죠.

중앙과 지방정부 간 네트워크는 잘되었나요?

- 김창엽 중앙정부와 지방정부가 코로나를 대하는 민감도가 달
라요. 성공과 실패를 가르는 기준도 다르고요. 중앙정
부는 기준이 전국이에요. 다른 나라 수치와 전국 수치
를 비교해요. 한국의 사망자가 다른 나라보다 적으니
국가 차원에서는 잘했다고 하는 거죠. 그런데 각 지역
입장에서 보면 정말 이상한 일, 실수한 일이 굉장히 많
았어요.

이를테면, 중앙정부 관료가 이번에 지자체에 많이 내려갔어
요. 그런데 거기에서 무슨 일이 생기면 중앙 관료는 '이
게 당신들이 할 일이지 내 책임이 아니다'라고 해요. 지
방정부는 '지방자치에서 보건이나 의료 문제를 해본 적
이 없는데 갑자기 하라면 어떡하나'라는 반응이고요.

이렇게 서로 혼선이 있었다고 들었어요. 청도대남병원 같은 경우에도 확진자가 내부에서 많이 나오고 '코호트 격리를 할 거냐, 환자를 뺄 거냐' 빨리 결정해야 할 때 청도군수, 경북도지사, 중앙부처 아무도 결정하지 않고 서로 눈치만 보는 상황이 상당 기간 지속됐다고 해요.

■ 안병선　중앙의 역할이 있고 지방의 역할이 존재해요. 중앙정부는 자원을 배분하고 전체 기조를 잡아가야 해요. 지역 상황에서 감염병 환자가 생기면 컨트롤하는 건 결국 지역사회고요. 부산에서도 요양병원 코호트 격리를 하면서 중앙사고수습본부, 중앙방역대책본부에서 사람들이 내려왔어요. 그런데 사실상 그분들이 지역 현장에 와서 할 수 있는 일이 제한적이에요. 실시간으로 정보를 빨리 파악하고 전달하는 게 주요 업무였어요. 지자체 입장에서는 행정안전부, 국무조정실, 청와대, 보건복지부에서 각자 자료를 요청하는 대로 따로 다 보내줘야 했어요. 중앙정부와 지방의 역할에 대한 명확한 규정과 경험이 이제껏 없었던 거죠.

이번 경험을 발판 삼아서 적절한 역할 분담이 이루어져야 할 텐데요.

■ 김창엽　공공 '보건' 시스템이 있어야 해요. 검역하고 확진자 찾고 역학조사하고 동선 추적하고 코호트 격리하고 등등, 치료받기 전까지 모든 공공보건 분야에서의 시스템이에요. 공공 '의료' 시스템은 그나마 이야기가 돼왔어요. 그런데 공공보건 시스템에 대해선 무슨 역할을 하고 뭐

가 보완돼야 하는지 관심이 없어요. 질병관리본부(질본) 정도가 유일하게 관심을 받지만 사실 질본은 전국적인 감염병 유행 상황에서 할 수 있는 일이 한정돼 있어요. 질본이 질병관리청이 되면서 지방청 조직이 생기는 것도 좋아요. 필요하다고 봐요. 하지만 시군구의 기본 구조를 강화하지 않은 채 지방청만 둬봤자 거의 기능을 못할 거예요. 시군구 보건소 중심의 공공보건 시스템을 정비하고 확충하는 것이 정말 중요한데, 전혀 논의되지 않고 있어요.

▪ **안병선** 질병관리본부를 청으로 격상한다고 하니 당장 일선 보건소장님들이 하는 말씀이 "병목이 더 심해지겠다"라는 거예요. 위는 커지는데 말단 조직은 그대로 있으니 깔때기 조직이 돼요. 업무는 결국 보건소로 내려와요. 예전 감염병 관리 파트가 국립보건원에 있다가 질병관리본부로 옮겨가고 커지면서 결핵·에이즈 등 세부 파트마다 과가 나뉘었어요. 보건소 처지에서는 한 과에서 문서 하나만 내려오고 올려 보내던 걸, 과가 여러 개로 나뉜 뒤에는 계획서나 보고서를 각각 따로 올려 보내게 됐어요. 보건소 직원 수는 그대로인데요. 질본이 커지고 격상되는 건 좋은 일이지만 그렇다고 지방의 공공보건의료 실행 업무를 다 맡아줄 수 있는 건 아니에요.

▪ **임승관** 중앙정부 조직의 지방본부를 권역별로 몇 개 두면서 지도와 조정 역할을 맡길 것인가, 아니면 17개 시도를 각각 강화할 것인가, 두 가지 방법이 있어요. 지역에서 10년 이상 감염병 관리 이슈가 있을 때마다 지방정부를

도와 활동했던 전문가로서 솔직히 둘 중 뭐가 정답인지 모르겠어요.

'지역 강화가 핵심'이라는 의제에 동의하지만 단지 인원을 늘리고 예산을 배정하는 것만으로 원하는 결과를 얻긴 어려워요. 17개 시도를 동시에 기능 상승을 꾀할 만큼 인적자원이 있는지도 의문이고요. 청으로 승격될 질병관리본부 지역조직 방안은 권역별로 소수만 설치하면 되고, 권역 감염병 전문병원과 매치하면 기능적 완성도를 높이는 장점이 있어요. 하지만 이런 구조가 순기능을 하려면 중앙정부 조직이 실질적인 지원과 서비스 기능을 해야 해요. 늘 겪어온 일이잖아요. 어쩌면 많은 사람들이 단념한 일일 수도 있고요. 중앙과 지방정부 기관 사이의 혹은 관료 사이의 권력관계를 혁신하지 않으면 공공보건의료의 기능적 혁신도 일어나지 않을 거라고 생각해요.

■ **김명희** 공공병원을 돌면서 종사자들을 인터뷰했는데 이런 이야기를 들었어요. "공공병원들이 지금 다 지방의료원이 돼서 지자체에서 관할한다. 아무것도 할 줄 모르는데 떡하니 독립만 시켜주면 우리더러 어쩌란 말이냐." 이론적으로는 지자체 능력을 강화하는 게 좋지만 현실적으로 많은 지역에서 잘 안 돼요. 기술지원과 인력, 활동할 수 있는 구조와 역량 없이 떡하니 지방에 넘겨서는 안 돼요.

■ **김창엽** 단순히 '보건소냐 질본이냐'를 넘어서는 문제죠. 돈과 인력은 어떻게 하고, 누가 지휘하며, 의뢰는 어떤 경로

로 할 건지, 병원과의 연계는 어떻게 할 건지 모든 시스템 요소를 다 건드려야 해요. 한마디로 중앙정부부터 최일선 또는 지자체에 이르는 국가보건 시스템에 대한 설계 및 종합계획이 필요한 거죠.

인력 부족 문제가 계속 거론돼요. 질본에 전문가가 없다, 역학조사관 수가 부족하다 등등. 그런데 막상 또 보건소 공무원 수를 늘리자는 주장에는 선뜻 동의하는 사람이 많지 않을 것 같아요.

■ 안병선 보건소 업무량은 계속 늘지만 공무원 수는 늘지 않은 게 사실이에요. 사람 숫자가 많은 것 같지만 들여다보면 전부 계약직이나 위탁 형태예요. 감염병관리지원단도 모두 민간 위탁 방식이고요. 여기에 속한 역학조사관도 정식 직원이 아니에요. 공무원으로서의 권한과 책임을 줄 수가 없어요. 보건소 선별진료소 검체 채취도 정식 공무원이 아니면 위험업무라 잘 못 시키고요. 많은 국민이 공무원 조직을 늘리는 걸 꺼려해요. 보건의료 공무원도 효율성을 따지며 늘리지 않았고요. 그런데 그게 이런 상황에서 오히려 비효율을 낳았어요.

(임승관 원장을 보며) 혹시 경기도에도 '살찐 고양이 조례'(공공기관 임원의 급여를 제한하는 조례)가 있습니까? 부산시 같은 경우 공무원 급여 기준에 맞추다 보니 의무직 의사 수당이 2003년도 이후 고정돼 있어요. 시중 의사와 급여차이가 너무 많이 나요. 의사들이 공무직에 들어왔다가 몇 개월 못 넘기고 나가요. 역학조사관으로 들어온

한 의사 선생님은 5개월을 못 넘기고 나가면서 이런 말
을 하더라고요. "공무원 되면 '나인 투 식스'는 확실히
보장될 거라고 생각했는데 그것도 아니었네요."(웃음)
그럼에도 불구하고 보건소에 많은 의사들이 남아 있
는 건, 누군가는 해야 하는 일이라고 생각하기 때문이
에요. 장기적으로 우리가 투자해야 하는 부분이 아닐까
싶어요.

■ 임승관　어쨌든 대중은 질본 같은 특수 관료조직이 좀 더 전문
화되길 원하고 그게 시대 흐름에 맞기도 해요. 이번 대
통령 취임 3주년 연설 때에도 질병관리청 승격 이야기
를 하면서 전문인력을 확충하겠다는 내용이 들어갔어
요. 국립감염병연구소 얘기도 있었고요. 어떤 방식으로
든 전문성이 담보된 정부 조직이 필요한데, 적임자들을
찾아내고 조직 안에서 오래 유지시키거나 발전시킬 토
대를 만드는 것에 대해선 준비가 부족해요. 어쩌면 시
행착오가 불가피한데, 충분한 사유와 토론 없이 너무
빠른 속도로 가면 오히려 피하고 싶은 오류를 생산할
수도 있을 것 같아요.

■ 김창엽　어떤 전문인력이 왜 필요한지가 정리돼야 해요. 예를
들어 역학조사관이 꼭 의사일 필요는 없어요. 역학조사
를 전문적으로 배우면 되는 거죠. 해당 분야 전문성을
인정받은 사람이 어디에 얼마나 필요한지 정리가 되어
야 월급을 줄 건지 말 건지, 승진을 시켜줄지 말지, 계
약직도 괜찮은지 정해집니다.

또한 경제적 처우보다 더 중요한 게 경력 발전의 가능성이에

요. 관료를 하게 되었을 때 월급이 적어도 그것을 상쇄하는 성취감이 있어야 하는데, 보건의료 부문 관료에게는 지금 그게 적어요. 보건소장이나 역학조사관이나 '여기에서 끝이다'라고 생각하면 별로 동기가 없죠. 일반 국민의 인식이나 채용하는 쪽에서나 경제적 보상 문제만 보는 일종의 착시현상이 있어요.

■ **안병선** 관료조직에서는 전문직 개방형 채용을 좋아해요. 승진을 안 시켜도 되니까요(웃음). 그럼에도 불구하고 행정조직에서 분명 전문가가 필요한 자리가 있어요. 그 전문가를 넣기 위해 우리가 그만한 대가나 처우를 보장해야 한다면 그건 시스템 차원으로 해야 해요. 이번에 많은 분들이 감염병이 우리의 안전이나 안보에 굉장히 중요하다는 사실을 알게 되었잖아요. 그렇다면 감염병이 유행하지 않을 때도 계속 지불할 의사가 있을까요? 전쟁이 안 일어나도 군대를 유지하듯이 감염병과 관련된 공공보건의료 체계에 계속 일정하게 지불을 할 수 있다는 국민 동의가 있어야 사실은 탄탄해질 거예요.

이제 좀 공감대가 생기지 않았을까요?

■ **김명희** 그렇다고 보기에 K방역 성공 담론이 너무 강해요. 일반인 친구들을 만날 때와 보건의료 현장 이야기를 들을 때 간극이 너무 커요. 일반인들은 "우리 K방역 대단하다" "세계 최고다" 만족해하는데 보건의료 현장 목소리를 들어보면 "모래 위에 지은 집이다" "더 큰 사고 안

난 게 너무 다행이고 정말 천운이 도왔다"고 해요. 잘한 것도 있지만 아직 부족한 것도 많아요. 잘한 것만 얘기하다 보니 이대로 충분히 좋다, 뭘 더 투자할 필요가 있을까 이런 식으로 흘러가요.

- **김창엽** 공공보건의료에 관한 위기감, 이걸 변화를 위한 에너지라고 한다면 오히려 중앙보다 지방에 더 있는 것 같아요. 경남 서부의 경우 해당 지역에 중환자실이 모자라서 확진자들을 전부 바깥으로 보내며 '진주의료원이라도 있었으면 얼마나 좋았을까' 했어요. 광주에서도 '우리가 시립병원 하나 없이 어떻게 하려고 하느냐' 이런 목소리가 있고요. 지역주민, 지방정부의 요구와 에너지가 국회를 통해 분출될 채널이 있다고 봅니다.

- **임승관** 한편으로는 걱정도 돼요. 무대가 열리니 여기저기서 병원 건립 얘기가 나오는데요, 공공보건의료 서비스에 대한 충분한 분석적 계량 없이 병상을 늘리고 인력 뽑고 자원을 확충하면, 결국은 또 한 차례의 짜깁기가 되어서 기본원리에 맞는 새로운 설계의 기회가 다시 한번 멀어지게 되는 건 아닌가 하는….

- **안병선** 그런 우려에 동감하면서도, 지역에서 보면 공공보건의료 자원이 절대적으로 부족한 게 사실이에요. 부산시가 지역에 공공병원 두 곳을 추가로 지을 계획인데, 기획재정부의 예비타당성 조사(정부 재정이 투입되는 사업에 대한 경제적 효율성을 검증하는 제도, 예타) 문턱을 넘어야 해요. 공공병원은 예타 면제를 해줄 필요가 있어요. 소방서, 학교, 도서관 지을 때도 예비타당성 조사를 하나요? 공

공도서관더러 돈 벌라고 하지 않듯이 공공병원에도 수익을 내라고 요구하지 않아야 하는 것 아닌가요?

유럽 국가들은 공공보건의료 체계가 잘 갖춰진 것으로 알려졌잖아요. 그런데 국내 언론을 중심으로 유럽의 코로나19 대응을 두고 좀 다른 해석이 나와요. 영국의 NHS(National Health Service, 국민보건 서비스) 같은 국영 의료체계가 오히려 피해를 키웠다는 주장이에요. 거긴 의사가 다 공무원이다, 그런데 월급도 낮고 처우도 나쁘니 능력있는 의사들은 다 해외로 빠져나갔다….

■ 김창엽 어불성설이에요. 현실적으로나 논리적으로나 말이 안 돼요. 영국이나 스페인이 공영의료 체계라서 엉망이라면, 미국은요? 반대의 경우 아닌가요? 시장형도 나쁘고 공영형도 나쁘다면, 중간에 있는 사회보험형이 좋을까요? 그러면 일본은 왜 저 모양이죠?

공통점은 이거예요. 민영의료든 공영의료든 감염병 유행 국면에서 꼭 필요한 데 돈을 쓰지 않았어요. 공영의료 체계는 긴축하느라, 민간시장 체계는 딴 걸로 돈 버느라고. 한쪽은 시장 논리로, 다른 쪽은 긴축 논리로 필요한 곳에 돈을 쓰지 않은 거죠. 사실 공영의료 체계에서 정부가 긴축하면 시장형보다 타격이 더 커요. 돈줄이 그 거밖에 없으니까요.

■ 김명희 캐나다 사례도 있어요. 캐나다는 메디케어 시스템에 의해 병원 서비스가 무상의료에다 진료의 질도 상당히 높아요. 그러나 장기요양은 다 시장화 되어서 이번에 캐

나다에서 코로나19 사망자가 대부분 장기요양시설에서 나왔어요. 캐나다 연구자들은 '이럴 줄 알았다. 예전부터 장기요양도 메디케어에 넣어 공공보험 안에서 운영하자고 했는데 안 하더니 결국 이런 일이 터졌다'라는 반응이에요. 미국·캐나다·이탈리아 등의 사례도 결국 공공에 충분히 투자하지 않은 결과로 보는 것이 훨씬 더 올바른 해석이라고 생각해요.

■ **임승관** 이 문제를 의료 시스템만으로 논의하기는 힘들어요. 훨씬 결정적인 변수가 있기 때문이에요. 유행의 확산 과정에서 '본격적인 대응을 언제 시작했느냐' '언제부터 준비했느냐'를 따져봐야 해요. 한국과 타이완은 방법은 서로 달랐지만 준비와 대응을 일찍 시작했기 때문에 유행의 양적 확산을 막았어요. 전 세계 어느 국가라도 방심하고 늦게 시작했다면 그 나라의 의료 시스템 성격이 어떻든 간에 무너질 수밖에 없는 게임이었어요. 어떤 보건의료 체계가 팬데믹을 견뎌내기에 더 건강하거나 회복성이 있느냐는 어쩌면 제2라운드에서 목격하게 될 거예요.

공공의료란, 의료의 공공성이란 뭘까요?
코로나19를 거치면서 새롭게 생각하게 된 의미가 있으신가요?

■ **안병선** 공공의료란 취약계층만 이용하는 질 낮은 의료가 아니에요. 누구나 신뢰할 수 있는 의료의 모범이 되어야 해요. 특히 지역 안에서 역할을 해야 해요. 지역에서 필수

적인, 하지만 충족되지 않는 의료를 담당해야 하는 중
심이에요. 상업화하는 의료에 표준을 만들고 건강성을
지켜내는 소임도 중요해요.

- **김명희** 저는 의료의 공공성이 교과서적으로 반드시 국가나 정
부가 소유한 것으로 한정되지 않았으면 좋겠어요. 국가
가 소유해서 망한 것도 많거든요. 국민 탄압하고 부정
부패 심하고⋯. 국민들은 이런 공공성을 원하는 게 아니
에요. 그런 의미에서 그냥 공공성이 아니라 민주적 공
공성이라는 이름을 붙여나가야 해요.

- **김창엽** 공공성은 사회마다, 시기마다 다른 개념이에요. 한마디
로 정의할 수 없어요. 지금 한국의 사회 구성원들이 느
끼는 보건의료에 대한 문제의식이 뭘까요. 첫째는 비
용이고 두 번째는 접근성·질·불평등이에요. 그 바탕에
는 상품으로 거래되는 의료라는 문제가 있어요. 상품화
된 의료가 비용·불평등·질·접근성 문제를 다 빚어내요.
이런 문제들을 뒤집어놓은 게 공공성의 실체예요. 결국
공공성 강화의 핵심은 탈상품화라고 생각해요.

- **임승관** 보건의료의 공공성을 발굴해내는 주체는 정부가 아니
라 시민사회일 수도 있지 않을까요? 한국의 공공보건
의료 구조와 형상을 새로 잡아가는 과정에서 여러 다양
한 시도와 모델이 만들어지고 허용되는 구조면 좋겠어
요. 공공보건의료 인프라를 새로 설계하고 건설하는 데
최소 10~20년이 걸릴 수도 있어요. 좋은 공공보건의료
가 우리 세대에는 안 오더라도 다음 세대에는 꼭 오게
끔 긴 호흡도 필요해요. 당장의 오류를 고쳐가는 일과

는 별개로, 우리 아이들의 건강과 안전을 위해 차근차
근 일구겠다는 소망의 마음도 필요할 것 같고요.

이번에 보건소가 왜 필요한지, 공공병원이 왜 필요한지, 공적
영역에서 일하는 의사와 간호사가 왜 중요한 사람들이고 이
들에게 적절한 처우를 제공하는 일이 왜 우리 국민의 생명과
직결되는지 모두가 충분히 깨닫고 느낄 수 있…어야 했는데
실패했다.

　　아이러니하게도 'K방역' 프레임이 그 길을 가로막았다.
대담에서 김명희 연구원이 말했듯 "K방역 최고다" "정말 든
든하다" 같은 찬사와 만족감이 우리나라 공공보건의료 체계
의 진화와 성장을 막았다. 오히려 힘을 빼는 역설이 일어났
다. 이를테면 '#덕분에 챌린지'와 같은 캠페인이다. 그것 자체
는 나쁠 것 없다. 보건소, 공공병원 등에서 일하는 공무원, 의
사, 간호사들에게 우리 사회는 "덕분에"를 외치며 엄지손가
락을 치켜들고 어깨를 두드려주고 가슴팍에 배지를 달아주
었다. 그런데 거기서 끝이었다.

　　화려한 격려 이벤트를 마치고 방역 공무원, 의료진들은
다시 그대로 전쟁터로 돌아가야 했다. 코로나19가 아직 끝나
지 않았기 때문이다. 애초 돈을 바라고 한 일은 아니었지만
정말 어떤 물질적 보상도 없어서 이들은 다소 당황했다. 심지
어 지방의 많은 공공병원들은 코로나19 이후 더 적자 폭이 커
지는데 정부나 지자체 어느 곳에서도 그것을 채워주지 않아
서 종사자들에게 임금을 다 주지 못했다. 무급휴직을 권하기
도 했다. 지치고 '번아웃' 되어도 교체할 인력도 없다. 가을 겨

울이 되면 전투는 더 치열해질 것이다. 지난 겨울부터 죽을힘을 다해 싸워온 전방의 병사들은 자꾸 뒤를 돌아보며 도와줄 사람을 찾아보는데, 후방에는 그들과 자리를 바꿔줄 2진이 없다.

그 절망감을 호소하는 목소리가 2020년 여름부터 터져나왔다. 수개월간 격무에 지친 보건소장, 보건소 직원, 공공병원 의사, 간호사들이 줄줄이 사표를 쓰고 전방에서 빠져나왔다. "덕분에" 소리를 들으면 짜증이 난다고들 했다.

전력 보강이 시급했다. 당장 임금 체불도 없어야 하고, 휴식도 줘야 한다. 전문성과 경험이 아쉽긴 하지만 장기전을 위해 1진 병사들을 뒤로 빼고 '초보' 2진을 최소한으로나마 훈련시켜 전방으로 내보내야 한다. 그것에도 역시 돈이 들어간다. 국회와 정부가 관심 가지고 빨리 나서주어야 한다.

단기 처방으로 급한 불을 꺼도 여전히 위태롭다. 이 불만 끄면 끝나는 코로나19가 아니기 때문이다. 6월 중순 이후, 확진자 수가 다시 늘어나고 병상 부족 경고음이 울려댔다. 여기저기에서 쓰러지는 최전방 병사들의 소식들을 전하려 그주 원래 계획됐던 일정을 미루고 급히 보건의료 현장 '번아웃' 문제를 다루는 기사를 마감했다(《시사IN》 668호 "#덕분에'도 좋지만, 전력 보강이 필요해').

그때 취재원에게 들었던 하나의 대책이 인상적이었다. "공공의료를 키우겠다는 정부의 의지와 실행력이 후반전 전력 보강의 가장 쉽고도 확실한 방법이다. 당장 격려금 몇 푼보다 중요한 게 종사자들에게 희망을 주는 일이다. 내가 여기서 일할 때 시스템이 강화되고 더 인정받고 보람을 느낄 수 있겠다는 희망이 들면 버틸 힘이 생긴다."(인천의료원 조승연 원장) 어마어마하게 강력한 상대팀과 전반전을 치르고 나서 지쳐 쓰러진 선수들에게 당장 물 한 모금, 5분 휴식을 제공하는 것도 중요하지만 "당신들을 국가대표로 키우겠다" "태릉선수촌 같은 걸 여러 개 더 짓겠다"라고 약속하고 실행해나가는 모습을 보이면 그것만큼 큰 동력이 없다는 이야기다.

　　김창엽 교수가 이야기한 "공공보건의료에 관한 위기감이 에너지로 변환된 사례"는 경남 진주의료원 재개원 움직임 같은 것으로 조금씩 나타나고 있다. 도민토론회 등 공론화 과정을 거쳐 300병상 이상 규모의 경남 지역 공공의료원 설립이 확정됐다. 이러한 에너지가 전국적으로 동시다발적으로 분출되기를, 늦었다고 생각할 때가 가장 빠르기를, 바라고 바랄 뿐이다.

9장 인권

— 폐 끼쳐도 괜찮은 사회를 꿈꾸며

변진경
김명희
임승관
김승섭
서보경

2020년 5월18일 오후 6시
서울 중림동 〈시사IN〉 편집국 회의실

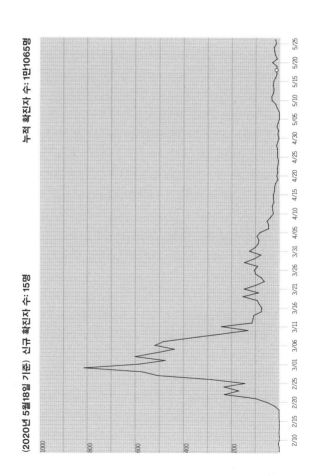

코로나19와 함께 산다는 것은 끊임없이 누군가를 미워하는 일과 병행한다. '지금 이 시국에' 신천지 종교 집회에 가서 예배를 본 중년 여성, 서울 자식 집에 올라온 대구·경북 지역 할머니, 제주도 맛집을 누빈 서울 강남 출신 해외 유학생, 클럽에서 춤춘 게이…. '딱 욕하기 좋은' 정보들이 사방에 흘러넘쳤다. 정보의 출처는 '찌라시'도 가짜 뉴스도 유튜브도 아닌, 정부와 지방자치단체였다. 방역 당국이 '합법적이고 투명하게' 개인정보와 이동경로를 제공하면 언론은 적당히 살을 붙여 확진자의 며칠간 삶을 재구성했다. 확진자의 부주의나 거짓말 같은 소재가 뒷받침되면 더할 나위 없이 완벽한 미움의 소재가 된다. 사람들은 그 어느 때보다 마음 편하게 타인을 비난하고 차별하고 혐오했다.

모든 것이 하나의 전제 아래 합리화됐다. '코로나19 방역을 위해서는 개인의 사생활과 자유, 인권이 다소 제한될 수 있다.' 감염자들에 대한 사회적 비난의 수위가 높아지자 메시지는 이렇게 변형된다. "타인을 비난하지 않는 것이 방역에 더 도움이 됩니다." 타인을 비난하는 논리나 그것을 참는 논리나 모두 한 가지였다. '방역을 위하여.'

그간 처음이고 또 급박해서 논의되고 합의되지 않은 질문들이 산적해 있다. 방역이라는 명분 아래 우리가 알게 된 수많은 감염자들의 성별, 나이, 주거지, 직업, 동선, 그 외의 숱한 정보가 정말 우리의 건강과 안전에 대체 불가능한 효력을 발휘했을까? 십분 그렇다 치더라도, 그 명분 아래 개인의 여러 권리들이 지금처럼 제한되는 일이 적당하고 타당한가? 방역은 과연 코로나19 시대 그 무엇과도 바꿀 수 없는 절대

선, 절대 가치인가? 방역과 인권은 양립 불가능한 것일까? 남을 비난하고 싶을 때 멈추는 마음은 무엇 때문이어야 할까? 방역에 도움이 되니까? 그게 선하니까? 그 이상의 다른 언어가 혹시 필요하지는 않을까?

　　잠시 벌어지다 말 상황이 아니기 때문에, 꼭 한번은 짚고 넘어가야 하는 이 질문들을 모두 끌어 모아안고 있다가 마지막 대담에서 풀어놓았다. 김승섭 고려대 보건과학대학 교수, 서보경 연세대 문화인류학과 교수와 이 질문들을 함께 나눴다. 김승섭 교수는 해고노동자, 성소수자, 이주민 등 사회적 약자가 겪는 몸과 마음의 고통을 학문의 언어로 세상에 발화시켜온 사회역학자다. 서보경 교수는 HIV(인간면역결핍바이러스) 감염인에 대한 차별과 낙인을 의료인류학 관점으로 바라보고 공부해온 활동가 겸 연구자다.

김승섭, 서보경 두 분께서는 코로나19 이후 어떻게 지내오셨나요?

- **김승섭**　역학자이고 의대를 졸업하긴 했지만 감염병 역학자가 아닌지라 처음엔 멀리 있으려고 했어요. 긴박한 시기에 전문성이 부족한 사람이 말을 보태는 게 조심스러워 조용히 공부하면서 뒤에 있으려고 했죠. 그런데 그럴 수 없는 상황이 두 가지 생겼어요. 하나는 중국, 대구, 신천지, 성소수자로 이어지는 낙인의 발생이었어요. 코로나19가 낙인·차별·건강이라는 제 연구 주제 한가운데로 뛰어 들어온 거죠. 또 하나는 감염되어 죽거나 굶어죽거나 두 선택지에 놓인 사회적 약자들이었어요. 비정규

직 노동자, 저소득층 노동자 등으로 논문을 쓰고 있었는데 이 국면에서도 가장 큰 피해자가 이분들이었어요. 할 수 있는 걸 하자는 생각에 코로나19와 낙인에 대한 온라인 강의를 만들어서 유튜브에 공개했어요. 4월 초부터는 서울시 은평구보건소 선별진료소에서 코로나19 검진을 도왔어요. 5월 초 이태원 집단감염 사건이 터졌잖아요. 제가 몇 시부터 몇 시까지 선별진료소에서 근무한다는 사실을 알리고, '어떠한 낙인이나 차별 없이 검진을 받을 수 있도록 하겠다'라고 페이스북에 공유했어요. 많은 분들이 오셔서 익명 검사를 받았어요. 서울시와 성소수자 단체가 만나는 자리에도 전문가로 참석했어요. 행정 당국이 코로나19 관련해 성소수자를 차별하지 않는다고 공개 표명하더라도 그동안 성소수자에게 쌓인 낙인과 차별의 역사가 장벽으로 작동할 수밖에 없다고, 서울시에 조언했어요. 굳건히 이 장벽을 감안하고 프로그램을 설계해야 한다고 얘기했어요.

■ 서보경 저는 의료인류학자로서 HIV 연구와 동남아시아 보건 건강을 주로 연구해왔는데요, 올해 2월에도 라오스와 태국(타이)을 거치는 일정을 세팅해놓았었어요. 라오스 숙소에 도착해서 짐을 풀고 와이파이를 연결하고 나서야 '연세대, 중국·동남아 다녀온 모든 학생 기숙사 격리' 소식을 포털사이트 뉴스로 보게 되었어요. 교직원에게는 그런 강제 규정이 없었지만 학교에 폐를 끼칠까봐 귀국한 뒤 '비자발적 자가격리'를 2주간 했어요. '연세대 교수 확진자, 동남아 출장 다녀와 거리 활보' 이런

세간의 추문이 돌면 어쩌나 하는 불안이 있었어요.

**모두가 한 번씩 겪어본 두려움이었어요. '내가 확진자가 되어서
동선이 공개되고 사회적으로 엄청난 비난을 받으면 어떡하나' 하는.**

- **김명희** 확산 초기에 감기 기운이 있었어요. 많은 생각을 했죠.
우리 연구소는 어떡하고 대담 같이 하는 〈시사IN〉은 어
떡하나 등등. '그렇게 떠들어대더니 잘~한다' 이런 비난
을 들을까 봐 걱정을 많이 했어요(웃음).

- **서보경** 확진자 정보를 알려주는 안전 안내 문자메시지를 보면
연령, 성별, 주거지 같은 게 포함돼 있어요. 타당한 행정
이고 투명한 정보공개라고 생각할 수도 있어요. 그런데
사실 연령, 젠더, 주거지는 아주 복잡한 사회적 메타포
거든요. 아무리 건조한 방식으로 쪼개서 보여준다고 해
도 그 메시지 자체가 매우 복잡한 사회적 의미를 포함
하고 있어요.

- **임승관** 감염병의 예방 및 관리에 관한 법률 제34조의 2에 따르
면 감염병 위기 시 정보공개 범위에 감염병 환자의 이
동경로, 이동수단, 진료한 의료기관 및 접촉자 현황 등
을 언급하고 있어요. 이런 정보공개가 반드시 전부 필
요하고, 언제나 효과적일까요? 감염된 사람이 몇 명 안
된다면 공개되는 이동경로를 확인하고 자신의 동선과
겹치는지 파악할 수 있을 거예요. 그러나 수십 명 혹은
수백 명 확진자가 하루 동안 발표되는 시기에, 시군구
별로 공개하는 확진자 동선을 일일이 확인하면서 자신

을 보호할 수 있을까요?

어쩌면 우리 기대와 달리 너무 불편하고 비효율적인 일일지도 몰라요. 지금까지 개인의 자유권 훼손을 어느 정도 감수하면서 펼친 강력한 방역 정책이 일정한 성공을 거둔 것은 사실이지만, 그게 과연 가장 '효율적'인 방식인지, 혹은 유행 확산 단계에서 언제나 '효과적'인 방법인지 질문이 필요해요.

■ **김명희** 미국 NPR(공영 라디오방송)과 인터뷰를 한 적이 있어요. '한국에서는 왜 감염된 사람을 비난하나?'라는 질문을 받았어요. 그때 미국은 유행 초기였고, 유명 배우 톰 행크스가 감염되어 소셜미디어에 격려와 응원이 막 올라오던 시점이었어요. '한국은 공동체 의식이 너무 강해서 그런가?'라고 묻더라고요. 확진자를 공개하는 방식 때문인 것 같다고 답했어요. 우리는 확진자의 경로를 스토리화해서 공개하잖아요. 어디 모텔에 갔다, 속옷 가게를 들렀다…. 이렇게 누구나 비난하고 싶은 마음이 드는 하나의 스토리가 전해져요. 묘하게 비난하는 톤의 언론 기사와 그 공생관계인 댓글들이 시너지를 일으키고요.

■ **김승섭** 확진자가 머물렀던 장소와 시간만이 아니라 나이, 성별과 함께 동선을 일일이 공개한 게 문제였어요. '어떻게 해야 그런 불필요한 정보공개를 막을 수 있을까' 하는 질문이 중요해요. 행정 당국 처지에서 보면 공개하지 않기가 쉽지 않죠. 일단 구청으로 엄청난 항의전화가 와요. 누구인지 공개해라, 왜 동선을 공개하지 않나,

이웃 구는 공개한다…. 낯선 감염병으로 불안한 사람들이 자신의 안전을 지키고자 하는 이 행동들은 어찌 보면 당연한 거예요.

다만 이걸 어떻게 해야 막아낼 수 있는가? 결국 과학적 사고와 정치적 리더십이에요. '지금 이걸 공개하는 게 방역에 결과적으로 도움이 되지 않습니다' '더 많은 이들이 검진을 받을 수 있도록 우리 모두 그 정보를 알지 않으려 노력해야 합니다' 등등. 이런 명확한 가이드라인이나 지침을 구청장 이상의 레벨에서 줬어야 한다고 생각해요. 이번 상황이 인권 관점에서 그나마 나았던 건 '효과적 방역을 위해서라도 낙인을 자제해야 한다'라는 이야기를 사람들이 인정해주는 면모가 있었다는 점이에요. 방역이 절대 선처럼 작동하고 있어서, 방역에 도움이 된다면 '너의 혐오도 참아야 한다'는 말이 어느 정도 먹혔어요.

요새는 질본 브리핑에서도 실제 비슷한 이야기를 해요. '혐오가 방역에 악효과가 있으니 여러분 비난을 자제해주십시오'라고요. 실제 그런 지침들이 욕하고 싶어도 참는 데 도움을 주기도 해요. 그런데 초기에는요, 신천지발 확산이 심각할 때 혐오와 차별의 표현의 수위가 사회적으로 정말 높았는데 '혐오와 비난이 오히려 방역을 방해할 수 있다'는 메시지조차 나오지도 않았어요. 저 스스로나 우리 매체에서 그 문제를 인식하면서도 '비난을 멈추자'는 이야기를 제대로 못하고 약간 뭉개고 갔던 게 계속 마음에 남아요. 실제로 신천지 신도 감염 비율이 너무 높고 앞으로 상황이 어떻게 전개될지 몰라 그 의제를 다루기가 부담스럽기도 했고요.

▪ **임승관** 이태원 클럽 방문자를 중심으로 유행이 확산되었을 때 적극적인 진단검사를 통해 바이러스 보유자를 찾아내고 감염 전파 사슬을 끊어내야 하는 게 정부와 지자체의 숙제였어요. 학교나 직장과는 달리 노출된 사람을 알아내기 어려운 공간적 특성, 그리고 성소수자들이 다수 포함된 인구집단적 특성 속에서 접촉자의 범위를 세밀하게 결정하기는 당연히 매우 어려워요. 결국 선택하게 된 방식은 장소와 시간을 특정하고 그 시각 그곳에 있었던 사람은 모두 접촉자로 분류하는 것이었어요. 방문객 명부에 이름이 올라간 사람, 클럽에서 사용한 신용카드 전표가 나온 사람, 방역 당국의 발표를 매체로 알게 된 사람들, 이렇게 매우 넓은 범위의 사람들에게 모두 진단검사 의무가 생겼어요. 효과는 강력하지만 여러 문제점도 발생하는 방식인데, 이를 비판하기도 어려웠어요. 신천지로 인한 '대구 유행' 당시의 방법이었기 때문이죠. 집회 날짜와 장소를 특정하고 해당된 모든 사람들을 접촉자로 분류하여 자가격리와 진단검사 의무를 부과하는 방식이었어요. 2월의 대구 방식이 5월의 이태원에서 그대로 활용되는 모습을 보고 제 마음도 좀 심란했어요. 인권 감수성이 부족했던 스스로를 돌아보며 반성의 마음도 갖게 되었습니다.

▪ **서보경** 신천지 신도들에 대한 사회적 비난이 거셀 때 HIV 인권 운동 내부에서도 고민이 깊었어요. HIV 당사자들은 상황을 보는 감각이 확실히 다르더라고요. 저렇게 비난받는다는 게 얼마나 사람을 옥죄는지 너무 잘 이해하고

있는 거죠. '이런 방식으로 해도 되나' '우리는 무슨 활동을 할까' '사망자들을 어떻게 애도할까'···. 그때 당사자 활동가들이 던졌던 질문이에요.

HIV 인권운동의 역사가 코로나19 시대에 말해주는 바가 있을 것 같아요.

■ **서보경** 메르스 때나 지금이나 '청정구역' '종식' 같은 용어를 많이 쓰잖아요, 사실 HIV 인권운동에서는 오랫동안 '청정구역'이라는 말을 쓰지 말자고 주장해왔어요. '무엇으로부터 청정하다'고 명명하는 순간 '이 청정한 공간을 오염시키'는 누군가를 배제하게 돼요. 지금 우리가 행하고 있는 여러 코로나19 방역 정책의 기본들은 1987년 처음 만들어진 '후천성면역결핍증 예방법'의 주요 원칙들과 많이 맞닿아 있어요. 당시 법이 정한 HIV 감염자 관리 원칙은, 명부를 작성해 찾아내고 격리해서 치료하며 전파 매개 행위를 무거운 형벌로 처벌하라는 것이었어요. 아마 낙인과 차별의 역사를 한국 사회에서 가장 오래 경험한 사람은 HIV 감염자가 아닐까요. 우리가 HIV 정책에서 큰 변화를 경험해보지 못했기 때문에, 감염병 관리의 새로운 패러다임 역시 만들어내지 못한 게 아닐까요.

'전파 매개 행위를 무거운 형벌로 처벌'이라···.
코로나19 관리에서도 국가의 처벌 의지가 종종 표명되는데요.

■ **서보경** 특정 집단이 검사받을 의무를 지고 이를 어길 경우, 처벌할 권리를 국가가 지닌 거죠. 이전까지 법으로 규제하지 않았던 광범위한 사회적 행동을 이제는 감염병 때문에 통제해야 하는 상황이에요. 이걸 어떻게 합의할지 한국 사회에서는 아직 제대로 된 논의가 이루어진 적이 없어요.

제가 만약 당시 이태원에 있었다고 해봅시다. 그러면 무증상이라도 자가격리를 하고 검사받으러 가야 했어요. 저야 재택근무하면 돼요. 그런데 이제 막 직장을 다니기 시작한 사회 초년생이라면요? "부장님, 제가 이태원에 다녀와 이런 행정명령을 받았으니 2주간 자가격리를 해야 합니다"라고 말할 수 있을까요? 지금의 법은, 그렇게 하지 않으면 위법한 행위를 하는 것으로 규정하고 있어요.

■ **김명희** 이동통신 기지국까지 털어서 방문자를 찾아낸다고 하는데 소름이 끼쳤어요. 지금 대통령 지지도가 그 어느 때보다 높다지만, 앞으로도 과연 민주적인 마인드를 지닌 정치인이나 정당이 천년만년 집권할까요? 이런 이야기를 하면 '그럼 역학조사하지 말라고?'라는 반문이 나와요. 1 아니면 2를 선택해야 하는 문제가 아니에요. 합의점을 만들어야 해요.

■ **임승관** 지난 3월4일에 '감염병의 예방 및 관리에 관한 법률'이 일부 개정됐어요. 대체로 필요한 개정이지만 우려스러운 부분도 있어요. 특히 '감염병 의심자'를 정의하는 항목이 신설됐어요. 이 조항에 따르면, 사실상 거의 모든

시민이 감염병 의심자로 분류되어 개인 권리의 제한이 가능한 관리 대상으로 간주될 수 있어요. 이런 법 개정이 충분한 사회적 논의 없이 진행됐어요.

철저한 방역이 절대 선, 절대 가치처럼 얘기되고 있는 상황이에요. 적절한 균형이 필요하고 합리적인 좌표가 있을 텐데 지금은 상당히 일방적이죠. 정책이 논의되고 결정되는 위원회는 감염병 관련 공무원, 의료인, 전문 학자 등으로 구성되었어요. 그러나 위원회에 개인의 인권에 대해 발언할 수 있는 사람, 정책의 효과를 비용-편익적으로 분석할 사람, 사회경제 전반에 대한 영향을 중심으로 사유하고 판단할 사람은 보통 초대되지 않아요.

김승섭　감염 환자를 최소화하는 정책과 함께 인권이나 사회경제적 지속가능성에 관한 문제도 논의되어야 해요. 그러나 감염병 의료 전문가들의 이야기만 과학이고 나머지는 나쁜 의미의 정치로 치부해버리는 분위기가 있어요. 과학이 생물학적인 지식을 기반으로 권고할 때, 정치는 그 권고를 한국 상황에 맞춰 때로는 따르고 때로는 어느 수준에서 타협하는 방식을 택할 수밖에 없어요. 그런데 마치 과학은 선한 의도, 정치는 뭔가 방역에 방해가 되는 불순한 의도인 양 취급하는 여론이 있었고 그것이 많은 중요한 논의를 막았어요.

원래 약자이고 차별받던 사람들이 코로나19 위기로 더 큰 어려움에 처했어요. '기저질환자'라 불리는 원래 아팠던 사람들, 특히 코로나19 외 다른 감염병 환자들에게 지금은 어떤 시간일까요.

■ **서보경** 메르스 때를 돌아보면요, 국립중앙의료원이 메르스 전
담병원이 되면서 HIV 감염자 모두가 병실을 비워줘야
하는 상황을 맞았어요. 심각한 문제였어요. 당시 그 분
들이 갈 수 있는 병원이 없었어요. 인권단체 활동가들이
공공요양병원부터 일반 병원까지 일일이 전화해서 HIV
감염인 입원을 문의했는데 한 곳도 받아주는 곳이 없었
어요. 이번 코로나19도 마찬가지예요. 모든 위기 대응
이 코로나19에 쓰이면서 다른 환자들의 진료나 수술이
거부당하거나 미뤄졌어요. 어쩌면 누구나 진료 거부를
당할 수 있다는 사실을 코로나19가 확인시켜준 거죠.

많은 사람들이 그간 HIV 감염인 진료 거부를 보며 '나와는 상
관없는 일이긴 하지만…' '낙인과 차별이 심하고 무서운
병이지, 고생이 많구나' 정도로 생각했잖아요, 그런데
비슷한 상황이 대구에서 터졌어요. 호흡기 증상이 있는
사람 모두가 병원에 입원하지 못하게 됐던 거죠. HIV
감염자의 건강권을 포함한, 모두가 진료 거부를 당하지
않을 권리를 포스트 코로나 시대에선 이야기해야 해요.

■ **김승섭** 코로나19의 백신과 치료약은 지금 전 세계적인 과학
역량이 총동원되어 개발되고 있어요. 이례적인 일이에
요. HIV 약도 비교적 빨리 개발될 수 있었던 이유 중 하
나는 환자가 유럽과 미국에서 많이 나왔기 때문이에요.
주로 후진국의 많은 사람들이 힘들어하는 결핵과 말라
리아는 그 정도 주목을 받아본 적이 없어요. 결핵 약도
수십 년간 개발이 정체되고 그대로예요. 상징적인 장면
이 아닐까요.

- **임승관** 사실 급성기 환자들 문제가 심각해요. 빠른 진료를 받아야 하는데 방역 중심적 의료 정책 때문에 병원 진입 장벽이 높아지면서 건강을 지키지 못하거나 생명을 잃는 사람이 많을 거예요. 지금 대학병원 응급실에 위중한 환자가 이송되어 심폐소생술이 일어나면, 의료진들이 레벨 D 보호구와 전동식 공기정화 호흡장치를 착용하고 음압텐트 같은 별도의 공간으로 옮겨 실행해요. 의료장비도 평소대로 활용하기 어렵고, 동맥혈 가스검사 같은 기본 혈액검사 시행도 제한돼요. 평시 대비 응급처치를 받고 소생할 가능성이 그만큼 낮아지죠. 이처럼 수면 아래 잠겨 잘 드러나지 않는 피해가 있어요. 우리가 원하는 선한 결과들은 보통 동시에 충족되지 않아요. 모든 이익엔 비용이 따르고요. 철저한 방역이란 것 역시 그래요. 지금처럼 소강상태일 때 과거를 잘 돌아보고 정비해야 해요.

- **서보경** 어느 대학병원에서 열이 나던 산모가 미숙아를 출산했어요. 코로나19 감염 위험 때문에 아이를 인큐베이터에 바로 연결시키지 못했다고 하더라고요. 이게 정말 환자나 아이의 이익을 위한 조치인가요. 지금 우리 사회는 코로나19 확진자와 사망자 수를 줄이는 데 모든 사회적·의료적 자원을 투입하고 있어요. 진짜 목표는 '현재의 팬데믹 위기를 어떻게 같이 헤쳐나갈 것인가'로 잡아야 해요. 코로나19 환자가 한 명도 나오면 안 된다는, 코로나19 확진자 발생을 곧 정책 실패로 받아들이는 부담과 두려움이 너무 커요.

- **임승관** 일이 실제보다 지나치게 어려워지는 가장 큰 이유는 '이 러시안룰렛이 우리 병원에서, 우리 학교에서 터지면 안 된다'라는 강박 때문인 것 같아요. 첫 대담 때 얘기 나눈 것처럼 감수할 수준의 위험을 정해야 해요. 과정과 원칙에 맞았다면, 불운한 나쁜 결과를 비난하지 않고 관용하며 지지하는 자세가 필요해요.

모두들 내가, 우리 가족이, 우리 회사가 확산의 진원지가 될까 봐 두려워하는 상황이에요. 슈퍼 전파에 대한 공포는 타인을 향하기도 하지만 나를 향하기도 해요.

- **서보경** 팬데믹은 인류 역사에 여러 번 있었지만 특정 개인 간 감염병 전파의 고리가 대중에게 공표된 경우는 HIV가 사실상 최초였어요. '0번 환자'로 알려진 남성 승무원이 게이로 밝혀지면서 한 사람이 얼마나 많은 사람을 감염시켰는가에 관한 이야기가 에이즈 패닉과 함께 엄청나게 빠른 속도로 퍼져나갔어요. 여기서 '슈퍼 스프레더(super spreader, 슈퍼 전파자)'라는 개념이 생겼어요. 한 사람이 굉장히 많은 사회적 접촉을 하거나 혹은 의도를 가지고 질병을 퍼뜨렸다고 생각하는 거죠. 나중에 알고 보니 '0번 환자'는 기입과 해석의 실수로 만들어진 오류였어요. 'Out-of-California', '캘리포니아 외 케이스'라는 의미의 약어로 쓰인 알파벳 'O'가 숫자 '0번'으로 잘못 해석되고 언론에 퍼져나갔어요.

  우리는 자꾸 바이러스 전파에서, '인간이 어떻게 움직이는가'

를 '바이러스를 어떻게 퍼트리나'와 연결 지어요. 감염자 한 사람에게 엄청나게 주의를 기울이는데 사실은 다른 곳에서도 국지적 소규모 감염이 계속 일어나고 있어요. 작은 지류가 여기저기 있고 서로 만나서 큰 지류를 이뤄요. 한국 기자들도 자꾸 '신천지와 게이의 공통점이 무엇인가'를 진지하게 물어오는데요, 바이러스는 인간 행위자의 특징과 상관없어요. 그저 환기가 잘 되지 않고 밀집도 높고 오래 이야기하거나 신체 접촉이 많은 환경 안에 있으면 바이러스 증폭이 빨라질 뿐이에요. 여성이든 남성이든 노약자든 가리지 않고 바이러스 나름의 복제 가능성으로 증식하고 있는 것에 불과해요.

■ **임승관**　슈퍼 전파자는 없지만 슈퍼 전파 환경은 존재해요. 방역 실행자 처지에서는 그것을 규정하고 정의하는 일이 꼭 필요하긴 해요. 우리 사회는 신천지 31번, 용인 66번 같은 개인에게 집중하는 오류를 범하는데요, 사실은 그가 존재한 환경에서 교훈을 얻어야 해요. 좁은 공간에 많은 사람이 밀집해 모여 소리 높여 기도하고 찬송하거나, 몸이 아픈데도 사람이 모이는 곳에 가게 되면 전파 위험이 높다는 것. 이런 교훈을 제대로 배웠다면 나이트클럽이나 노래방 출입을 스스로 자제하게 될 거예요. 우리는 뉴스가 보도하는 신천지 교단 확진자를 비난하면서 여전히 교회 주일예배에 가요. 이태원 클럽을 방문한 청년들을 탓하며 가족과 복합쇼핑몰에 가고, 레스토랑에서 부서 회식을 해요. 위험이 마치 어디 멀리 있는 것처럼 착각하죠. 슈퍼 전파자 같은 개념을 잘못 이

해하고 전달하면, 사회가 진정 얻어야 하는 지식과 교
훈을 놓치게 돼요.

**그러나 많은 사람들에게 있어, 다른 개인을 원망하지 않기는
쉽지 않아요. 나는 이렇게 힘들고 답답해도 '집콕'하며 견디고 있는데
누구는 나가서 할 일 다 하고 놀고 즐긴다고 하면 화를 참을 수 없는 거죠.
'비난과 혐오는 옳지 않다'는 언어로만 이들을 설득할 수 있을까요?**

- 서보경 저희 부모님이 식당을 운영하세요. 사회적 거리두기 기
간이 끝나고 부모님을 뵈러 가서 설거지와 서빙을 도
와드리며 생각이 복잡해졌어요. 말 그대로 손님이 와
도 걱정, 안 와도 걱정인 거죠. 손님이 먹고 남은 잔반
과 그릇을 치우면서 이거야말로 비말 교류, 접촉 아닌
가 싶었어요.
이 시국에 클럽에 갔다는 데에서 도덕적 비난 원인을 찾지만
실제 우리는 일상생활을 어느 정도 유지하는 가운데서
도 많은 위험을 매일 감내하고 있어요. 특히 자영업자
들은 폭탄 돌리기에 언제 당할지 모르는 상황이에요.
터지면 '왜 너는 그 상황에서 클럽을 열어서' '식당을 열
어 음식을 팔아서'라며 비난받아요. 완전히 '록다운'하
지 않는 이상 '나도 너도 의도치 않게 감염될 수 있다'
'서로에게 폐를 끼칠 수 있다'가 새로운 사회윤리가 되
어야 해요.
- 김명희 클럽 여는 것도 따지고 보면 당시 불법은 아니었어요.
사람들이 다 약속해서 한날 한시에 그곳에서 모인 것도

아니고요. 각자의 합리적인 선택을 한 결과 거기에서 모인 거예요. 내비게이션에서 이쪽 통행이 원활하다고 하면 차가 몰려들어 그 길이 미어터지는 것과 같은 원리일 뿐이에요.

■ **서보경** 질병 경험을 죄와 벌의 언어로 말하지 말아야 해요. 죄와 벌의 언어로 말하는 순간 개인에게 엄청난 책임이 지워지고 사회는 그를 벌해야 하는 관계가 만들어져요. 시민형 방역이라는 게 우리 사회 모델이라고 한다면, 시민들에게 좀 더 사고하고 얘기할 수 있는 기회를 줘야 해요. 한국은 OECD 가입국 중 그 어떤 나라보다 자영업자가 많은 나라예요. 자기 사업장을 열고 있는 사람이 위험에 따른 결과에 더 큰 책임을 가지게 되는 구조예요. 클럽 업주나, 김밥집 사장님이나 택시운전사들이나 많은 위험을 다 같이 공유하고 있어요. 그럼에도 불구하고, 시민들의 언어를 '다 같이 열심히 하기만 하면 잘 막을 수 있어요' 정도로 단순화해온 게 아닐까요. 그걸 물을 때 같아요.

■ **김승섭** 나가서 놀고 싶은 마음을 꾹꾹 참으면서 버티고 있었던 사람들 시각에서는 확진자가 클럽에 갔고 감염인이 늘어날 때 답답하고 절망스러울 수밖에 없어요. 그런 사람들을 두고 '모든 감염 의심자가 코로나19 검사를 받기 위해서 지금은 소수자 혐오를 멈춰야 합니다'라고 말하는 것 이상의 무엇, 다른 관점의 언어가 필요하고 그걸 깊게 만들어야 해요.

■ **임승관** 코로나19 시대를 산다는 건 일정 정도 이 바이러스랑

동거하고 지내는 걸 받아들이는 것을 뜻해요. 속도를 제어할 수 있을 뿐 병원체를 없앨 수 없는데, 우리에게 너무 지나친 목표가 설정돼 있어요. 어쩌면 제1라운드 방역 성공 혹은 그에 대한 과잉 칭찬이 갖고 온 폐해 중 하나예요. 수용 가능한 피해 수준을 정하고 그것에 맞는 사회 작동 원리를 만들어야 해요. 지금 목표 수준이 합리적이지 않다 보니 어찌 보면 자연스러운 현상들도 모두 오류와 실패가 되고, 우리는 자꾸 누군가 비난할 타인을 찾게 돼요.

- **김승섭** 〈장애의 역사〉라는 책을 번역하고 있어요. 거기에 이런 말이 나와요. '우리는 인디펜던트(independent, 독립적)한 존재가 아니라 인터디펜던트(interdependent, 상호의존적) 한 존재이다. 이러한 상호 의존이 민주주의를 만들어왔다.' 지금은 불확실한 미래를 두고 불완전한 인간들이 어쩔 수 없이 서로 의존하면서 견뎌내야 하는 시간이라고 생각해요.

- **서보경** 유엔에이즈계획(유엔 산하 에이즈 전담기구)에서 코로나19에 줄 수 있는 교훈으로 세 가지를 이야기했어요. 첫째는 카인드니스(kindness). 친절로 번역할 수도 있지만 인정과 관용을 베푸는 것, 공자의 인(仁)과 같은 개념으로 생각해볼 수 있어요. 두 번째는 연대, 세 번째가 돌봄의 윤리예요. 언제나 취약하고 불완전할 수밖에 없는 인간의 몸과 완전무결하지 않은 인간이 모여 사회를 이룬다는 조건 안에서, 서로가 서로에게 의존하며 변화에 대응하는 것이 의료와 보건의 핵심 원리이기도 해요.

'우리는 서로의 환경이다'라는 말이 떠오르네요.

- **임승관** 건강권과 자유권은 양립 불가능하지 않아요. 이태원 유행을 겪어내면서 배울 수 있었듯, 많은 경우 개인의 인권을 지키는 방법을 잘 모색하면 자연스레 사회 전체의 안전이 확보돼요. 이렇듯 인권을 지켜내는 일은 방역의 좋은 수단이지만, 팬데믹에 맞서 싸우며 새로운 세계를 재건하는 우리의 가치와 지향 그 자체이기도 해요. 그래서 더더욱 쉽게 놓을 수 없어요. 누군가를 지키기 위해 다른 누군가를 차별하고 낙인찍는 것 자체가 논리 오류이고 모순인 것 같아요.

- **김명희** 돈을 벌기 위해 돈을 버는 게 아닌 것처럼 건강에도 두 가지 측면이 다 있어요. 건강 자체가 주는 안녕과 행복이 있고 건강하기 때문에 원하는 것을 할 수 있게끔 하는 도구적 측면이 있어요. 오로지 건강에만 몰두하는 사회는 건강하다고 볼 수 없어요. 삶에는 다양한 목표와 가치가 있는데 건강이나 감염으로부터의 안전, 이 하나를 위해서 다른 모든 걸 희생해 무얼 얻을 건가 그런 것도 생각해보면 좋겠어요.

- **김승섭** 완벽한 방역과 완전한 건강이 존재한다는 오래된 관념을, 코로나19 상황에서 방역과 건강을 절대 선으로 삼아 모든 문제를 그 뒤로 숨게 만드는 이 패러다임을 어떻게 넘어설 수 있을까요. 만약 코로나19가 일시적 유행으로 끝나지 않고 지속되거나, 혹은 다른 전염병이 우리를 찾아와 그것과 함께 계속해서 불확실한 세계를

살아가야 한다면, 우리는 무엇을 포기하고 무엇을 포기
하지 말아야 할까요.

■ 서보경 이태원 클럽 집단감염이 터지고 나서 '방역을 위해 차
별하거나 혐오하지 맙시다'라는 말이 많이 나와요. 이
문장의 앞에 저는 괄호가 하나 있는 것처럼 느껴져요.
'(차별하고 혐오해도 되지만)'이라고요. '싫고 혐오스럽지만
방역을 위해, 나와 우리의 건강을 위해 그 사람들을 내
버려 둡시다'로 읽혀요. 코로나 이후의 시대를 살아가
야 한다면 실제로 사회를 구성하고 있는 시민의 얼굴과
몸과 형상이 얼마나 다양한지를 똑바로 봐야 해요. 사
회를 구성하고 있는, 서로 다른 위치에 있는 몸에 관해
서 들여다보고, 다름 속에서도 공통의 존엄을 말할 수
있게끔 우리의 사유가 확대되기를 바랍니다.

대구에서 확진자가 하루 수백 명씩 쏟아지던 2~3월, 권영진
대구시장의 코로나19 브리핑을 매일 챙겨들었다. 들을 때마
다 마음 한구석에 불편하게 남아있는 말이 있었다. "우리 대
구시민들은 전통적으로 남들에게 폐를 끼치는 것을 싫어하는
정체성을 가졌습니다"라는 말이었다. 여러 번 반복되고, 힘
주어 강조되는 문장이었다. 권 시장은 국민들에게 대구를 향
한 혐오와 차별을 멈춰 달라고 호소할 때 그런 말을 했다. 대
구시민들이 모두 코로나19 확진자처럼 취급당한다고, 대구
에 단순 방문만 해도 출입금지를 당하거나 주변에서 기피당
하는 사례들이 생긴다며, 말했다. "대구 시민 여러분, 대구 사
람을 경계하는 따가운 시선이 가슴 아프지만 우리가 늘 그랬

듯이 남에게 민폐를 끼치지 않도록 대구 안에서 이겨냅시다."

아홉 번째 대담을 마무리하면서 그 말이 불편했던 이유를 찾았다. "우리는 서로에게 민폐가 될 수 있습니다." 우리 사회에는 바로 이 말이 필요했다. 네가 나에게 민폐가 될 수 있고 나 역시 너에게 민폐가 될 수 있다는 사실을 경계하거나 분노하거나 억울해하지 않고 담담하고 겸허하게 받아들이는 것. 착한 시민이 되기 위해서가 아니라 코로나 이후의 세계를 살아내는 일 자체가 바로 그런 마음이어야 한다는 것. 자주 잊고 살지만 우리 모두 연결되어 있다는 엄연한 사실. 오늘 내가 만난 모든 사람들, 식당이나 카페에서 스친 사람들, 같은 엘리베이터를 타고 같은 버스를 탄 사람들이 모두 서로의 감염원이자 공동운명체라는 진리. 동아시아에 사는 내가 만난 이 바이러스가 미국 배우 톰 행크스에서부터 시리아 난민 캠프촌 어린이의 몸과 인생에도 흔적을 남긴 그것과 똑같다는 놀랍고도 실감나지 않는 이야기를 우리는 더 자주 입에 올리고 마음으로 되뇌어야 한다.

그러면 '네가 나의 민폐가 되어도 괜찮다'라는 말에도 힘이 생길 것이다. 이것은 곧, 내가 너의 민폐가 되어도 괜찮다는 말과 다르지 않다. 그렇게 우리는 서로의 존재를 긍정하면서 내 존재를 긍정할 수 있다. 결국 나를 위한 일이다. 타인을 향한 차별과 혐오, 낙인과 비난은 결국 나를 해치는 일이다. 취재와 보도를 빙자한 80여 일간의 진하고 깊은 공부를 끝내면서, 이런 결론을 취재수첩에 마지막으로 기록했다.

에필로그

임승관

— 우애와 연대의 시대

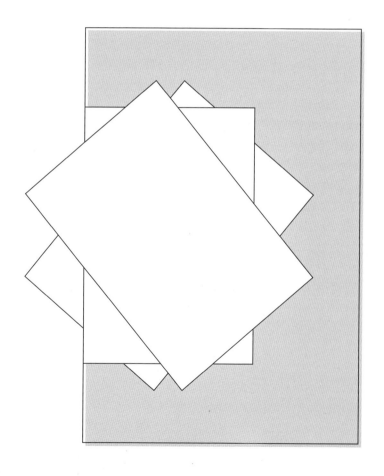

어느 지역의 어떤 사람이 어떻게 신종 감염병에 걸렸는지 모든 매체들이 앞다투어 중계방송을 시작한 지 어느덧 반년입니다. 1970년생 부장님은 생애의 1%, 1995년생 청년 인턴은 인생의 2%, 2015년에 태어난 어린이는 자라온 삶의 10%를 코로나19와 함께한 셈이니 그야말로 '코로나 시대'입니다.

과학자들은 이 신종 바이러스의 전파력이 강력하여, 어떤 방법으로도 사람 간 전파를 완벽히 차단하지 못할 것이라고 합니다. 종식을 기대할 수 없다는 말입니다. 인류는 이 바이러스와 원치 않은 동거를 피할 수 없는 숙명이고, 우리는 그 사실을 받아들일 준비가 필요하다는 것입니다.

5년 전 메르스 코로나바이러스를 우여곡절 끝에 종식시킨 경험이 있는 한국은 어쩌면 이런 개념을 이해하거나 받아들이기 가장 어려운 공간일지도 모릅니다. 그러나 신종 바이러스와 인류의 동행은 이 행성에서 매우 자연스러운 일입니다. 1918년 스페인 인플루엔자도 신종 바이러스로서 2~3간간 광풍처럼 몰아친 후 수십 년을 인류와 함께 살았습니다. 가깝게는 2009년 신종 인플루엔자도 지금까지 매년 유행 중입니다. 우리가 가을철마다 맞는 독감 백신에는 2009년 유행한 H1N1 신종 인플루엔자A 바이러스 항원이 포함되어 있습니다.

팬데믹은 끝까지 겪어내야 하는 것입니다. 달리고 있는 기차에서 내리고 싶다고 그렇게 할 수는 없습니다. 끝을 정확히 가늠할 방법은 없지만, 과학자들은 '집단면역'이라는 학술 용어를 사용하며 전 인류의 상당수가 면역을 획득할 때까지라고 설명합니다. 과거에는 대다수의 사람이 감염될 때까지 기다릴 수밖에 없었고, 지금은 백신이라는 무기가 있어서 병을 앓지 않고도 집단

면역을 얻을 기회가 있습니다. 백신이 언제 개발될지, 얼마나 효과가 있을지, 비용은 얼마나 들지, 그리고 그것이 정의롭고 공평하게 분배될지 아무도 장담 못하는 문제가 남아 있지만요.

아무도 원했던 일은 아니었으나, 팬데믹의 바다로 배들이 출항했습니다. 나라마다 보유한 선박의 크기와 성능이 다르고, 항해사와 승무원의 경험치와 능력이 다릅니다. 선박에 탄 승객들의 면면도 차이가 나겠지요. '대한민국호'는 지금 대양의 어디쯤와 있을까요? 이 배의 항해사는 항로를 제대로 잡고 있을까요? 아래 그림은 2020년 7월 초 질병관리본부 홈페이지에 게시된 코로나19 국외 발생 동향을 토대로 그린 그래프입니다. 가로축은 인구 10만 명당 확진자 수, '얼마나 많은 사람이 감염되었는가'입니다. 세로축은 치명률, '진단된 사람 중 어느 정도 비율로 생명을 잃었는가'입니다. 각 나라의 선박이 어떤 항로로 항해 중인지 한눈에 보실 수 있습니다.

하절기 들어 확진자가 급증한 지역은 아메리카 대륙입니다.

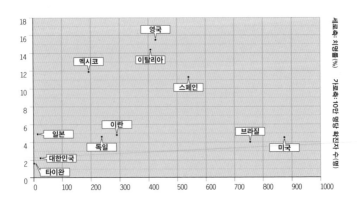

미국에선 7월 3일 하루 동안 5만 7718명이 확진되었습니다. 이 숫자가 가늠이 되시나요? 확진 환자 수를 미국의 인구로 나누고, 다시 한국 인구로 곱하여 우리 상황에 대입하면 무려 9082명입니다. 비슷한 시기 한국에서 하루 60명 내외 진단되는 숫자 대비 약 150배입니다. 지난봄 대구·경북 지역 유행이 절정이었을 때도 국내 확진자의 최대치가 하루 900명 수준이었습니다. 지금까지 우리의 경험이 얼마나 제한적인 것인지 바로 볼 수 있어야 합니다. 그래야 불확실한 미래를 침착하게 준비할 수 있습니다. 2020년 여름, 한국은 아는 체하며 가르칠 때가 아니라, 좋은 것이든 그렇지 않든 다른 국가의 경험을 두고 배울 때입니다.

한국을 포함한 몇몇 동아시아 국가들은 극단적으로 좌하방 좌표에 위치하고 있습니다. 성공적인 방역 덕분입니다. 이른바 'K방역' 같은 것 말이지요. 그런데 관점을 달리하면 전혀 다른 차원의 고민이 생깁니다. 잠시 계산기를 두고 셈해보겠습니다. 7월 6일 기준 한국의 인구 10만 명당 확진자는 약 25명입니다. 이를 백분율로 환산하면 0.025%입니다. 다섯 달 동안 0.025%의 인구가 면역을 획득했다면 한 달마다 0.005%씩 얻은 결과입니다. 집단면역 획득을 위한 최소 비율을 인구의 60%로 설정했을 때, 지금 같은 속도라면 1만 2000개월이 필요합니다. 연으로 환산하면 1000년입니다. 알려지지 않은 확진자가 진단된 숫자만큼 있다고 가정하면 500년입니다. 조선 왕조가 한 번 세워지고 사라질 시간이지요.

물론 이는 수학적 모델링도, 통계적 추산도 아닙니다. 단지 어설픈 직관을 얻기 위한 지나친 단순화가 맞습니다. 그러나 우리는 여기서 사유할 수 있습니다. 백신이 위기에 처한 우리를 구원할 슈퍼히어로가 맞는다면, 최대한의 비용을 지불하더라도 끝까지 웅크리고 기다려야 합니다. 그러나 이 세계에 슈퍼히어로 같은 게 과연 존재할까 의심한다면, 최대한의 지식을 동원하여 우리의 항로를 찾아야 합니다. 500년간 우리 아이들을 학교에 보내지 않을 수는 없으니까요.

'방역이 중요한가, 경제가 중요한가?' 같은 어리석은 질문을 간혹 받습니다. 고민할 가치도 없는 질문입니다. 가당키나 한 비교인가요? 당연히 사회경제적 안정성이 우월한 가치입니다. 그렇지만 저 같은 사람들은 방역을, 정확하게는 합리적이고 효율적인 방역을 강조합니다. 왜냐하면 방역은 그릇이기 때문입니다. 진정 귀한 가치를 담는 용기이기 때문입니다. 아무리 진수성찬을 조리했다 해도, 담을 그릇이 깨져버리면 식탁에 낼 수 없습니다. 방역이 더 중요해서가 아니라, 방역의 성과 없이는 체제를 안전하게 지켜낼 수 없기 때문에 집중하는 것입니다. 가치의 순위가 아니라, 앞과 뒤 순서와 배치 문제입니다. 하지만 그 방역은 지속 가능하고, 확대 가능해야 합니다. 우리가 지금까지 짐짓 모른 척 외면해온 난이도 극상의 숙제입니다.

정리해보겠습니다. ① 코로나 시대는 바로 끝나지 않습니다. ② 한국 사회는 자랑스럽게도 지난 6개월간 방역에 성공했습니다. ③ 하지만 그 방식이 효율적인지, 비용과 부가효과들은 감당할 만한지, 고통과 피해의 분담은 공평한지, 그리고 정말 앞으로도 지속 가능한지에 대한 질문이 생략되었습니다.

주제별로 아홉 차례의 대담이 묶인 이 책을 읽고 난 뒤, 지금 에필로그를 보고 계실 것 같습니다. 어떠신가요? 답을 얻으셨나요? 이제 우리가 무엇을 어떻게 하면 되겠는지.

만약 '그렇다'고 대답하신다면, 대단히 죄송한 말씀이오나, 이 책을 제대로 읽지 못하신 것일 수 있습니다. (이 오만한 저자를 비난하십시오.)

답은 찾을 수 없습니다. 지금까지도 그랬고 앞으로도 그럴 것입니다. 깊이 들어가면 갈수록, 더 많은 질문만을 발견하게 될 것입니다. 필요한 건 질문에 맞서는 '용기'입니다. 우리가 '답을 찾았다' 확신하고 들뜬다면, 아마 그것은 '질문을 잃은 것'일 가능성이 높습니다. 질문을 발견하는 것 자체가 어쩌면 진정한 의미의 '지혜'일 것입니다.

다음 세대 아이들의 세계사 교과서에 '코로나19 팬데믹'은 반드시 서술됩니다. 우리는 문자 그대로 세기적, 세계적 사건을 겪으며 역사의 시대를 살고 있습니다. 지혜와 용기가 필요하다고 말씀드렸는데, 그렇게 고귀한 것들, 저한테는 없습니다. 여러분에겐 있는지요? 어쩌면 우리 모두 하나같이 어리석고 나약하지 않은가요? (역시 죄송합니다. 이 무례한 저자를 한 번 더 비난하십시오.)

이렇게 글을 끝낼 수는 없으니, 희망의 메시지로 훈훈한 마무리 인사를 드리겠습니다. 주간 코로나19, 아홉 차례 대담에서 만난 선생님들이 귀한 단서를 주신 것 같습니다. 깊은 산중 무림의 고수께서 강호의 세계로 떠나는 제자의 허리춤에 주머니를 하나 채워주신 것 같습니다. "아주 위급할 때 꺼내보아라."

무게와 촉감으로 보아 쪽지 한 장이 들어 있지 않을까 싶습니다. 반듯하게 접힌 흰 종이를 펼치면 이런 문구가 쓰여 있을 것 같습니다.

기억하도록. '우애' 그리고 '연대'밖에 없음을.

에필로그

김명희

— 예상치 못한, 그러나 충분히 예상 가능한

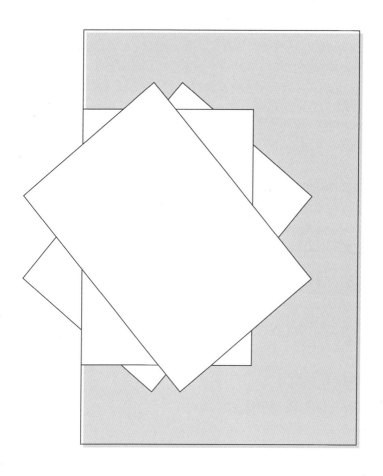

서늘한 바람이 조금씩 불기 시작하는 여름의 끝자락, 저녁 퇴근 길에 둘러앉아 시원한 맥주 한잔을 나누면서 "그때는 그랬지"라 며 후일담을 나눌 수 있으면 좋았을 텐데.

그동안 보았던 많은 영화들은 이렇지 않았다. 인류가 끝장날 것처럼 두 시간 몰아치던 재난 상황도 말미에 이르면, 녹초가 되 었지만 혹은 폐허 위에서 '이제 괜찮아' 안도의 미소를 짓는 주인 공 일행의 모습으로 마무리되곤 했다. 그런데 우리가 처한 현실 은 너무도 달랐다. 재난 영화처럼 극적 스펙터클도 없고, 시원한 마무리도 없다.

처음 '주간 코로나19'를 시작할 때만 해도, 이렇게 오랫동안 대담이 이어지리라 예상하지 못했다. 그 이야기들이 책으로 묶 이고, 심지어 책이 출판되는 시점에서도 유행의 위세가 꺾이지 않을 것이라고는 생각하지 못했다. 20세기 초 인플루엔자 팬데 믹이 2년에 걸쳐 세계를 휩쓸었다는 사실은 익히 알고 있었지만 (심지어 14세기 유럽에서 발생한 흑사병은 4년 넘게 유행을 이어갔다는데!) 지금 여기의 코로나19가 바로 그런 존재라고는 받아들이지 못했 던 것 같다. 그래서 팬데믹이 가져온 사회적 충격과 변화도 그것 이 눈앞에 어느 정도 구체화되기 전까지는 좀처럼 손에 잡히지 않았다. 몹시 혼란스러웠다.

한국 사회의 중국인 혐오가 퍼져나가기 무섭게 유럽에서 한 국인들이 혐오 범죄의 대상이 되며 많은 이들이 아연실색했다. 그동안 좀처럼 존재감 없던 방역이 '정치적' 논란의 한복판에 서 는 일이 벌어지는가 싶더니, 급기야 4월 총선 결과에 결정적 영 향을 미쳤다. 선진국이라던 유럽과 미국의 의료진이 쓰레기봉투 를 뒤집어쓰고 환자를 진료하고, 환자 시체를 무더기로 매립하는 믿기 힘든 뉴스 장면들도 보았다. 내 눈에 흙이 들어갈 때까지 빨갱이, 종북은 안 된다는 이들이 여전히 힘을 발휘하는 이 땅에서 초유의 마스크 배급제가 실시되었다. 하나같이 미처 생각해보지 않았던 것들이다.

반면, 예상 가능했던 일들이 그대로, 더 큰 여파와 함께 일어나는 모습도 목격했다. 오랫동안 구박덩이 취급하던 공공병원들에게 코로나19 환자를 모두 책임지라고 요구하는 '난데없는' 당당함을 보았고, 한 손으로 보건의료 노동자들을 갈아 넣으면서 다른 한 손으로 엄지 척 '덕분에'를 외치는 자기분열적 모습도 보았다. 그뿐만 아니라 위태로운 경계에서 일하던 노동자들이 한층 더 위험하고 불안한 삶에 직면하는 모습도 지켜보았다. 어느 정도 짐작은 했지만, 그래도 막상 현실로 닥치고 나니 실감의 차이가 컸다.

어쩌면 태풍처럼 지진처럼, 파괴적이지만 짧은 시간 왔다가 사라지는 재난이 나은 게 아닐까 생각이 들 때도 있었다. 모든 일상에서 주의를 기울여야 하고, 다른 사람들을 경계해야 하고, 생계를 불안해해야 하고, 도대체 언제 끝날지 알 수 없는 상황에서 사람들의 마음은 지치고 우울해졌다. 시사IN북이 정한 〈가늘게 길게 애틋하게〉라는 책 이름은 새로운 현실에서 우리가 가져야 할 삶의 태도를 함축적으로 보여준다. 어차피 일격에 끝나버리지 않을 문제, 가늘고 길게 버티자고, 서로가 서로에게 애틋함을 가지고 함께 헤쳐나가자는 뜻 말이다.

나로서는 매주 '주간 코로나19'에 참여하여 각자의 분야에서 최선을 다해온 사람들을 만나고 어떻게 함께 이 시간들을 견뎌낼 수 있을지 이야기 나누는 경험이 바로 그 '애틋함'이었다.

솔직히 말하자면, 연구자이자 활동가로서, 말하기보다는 질문하고 듣고 정리하는 작업에 익숙한 사람에게 이런 종류의 대담은 부담스러웠다. 아예 강의라면 모를까, 정해진 순서도 없이 중간에 끼어들어 이야기를 해야 하는 그런 상황 말이다. 친구들과의 술자리도 아니고…. 심지어 술자리에서도 불쑥 끼어들어 자기 말만 하는 사람 엄청 싫어하는데! 다행히 시의적절한 주제와 이야기 포인트를 잡아준 변진경 기자, 그리고 임승관 선생님의 추임새 덕분에 점차 익숙해질 수 있었다.

이제 와서 하는 말이지만, 늦은 밤과 주말에도 이어졌던 아이디어 회의를 빙자한 단톡방 수다. 그리고 한 번씩 맥락 없이 터져나오는 임승관 선생님의 아재 개그와 지나친 촉촉함, 모든 것에 맞장구 쳐주는 기자들의 눈먼 열정 때문에, 나는 몇 번이나 혼자 탄식을 내뱉었다. 나는 차가운 도시 여자. 어쨌든 밤낮을 가리지 않는 진지한 고민과 토론, 그리고 허용치를 넘나드는 애틋함과 썰렁함을 견뎌낸 고통 속에서 탄생한 기사들이었다는 것을 많은 독자들이 알아주면 좋겠다. 기사가 나올 수 있도록 현장 기록을 맡아준 김영화, 장일호 기자에게도 이 자리를 빌려 감사의 말씀을 전하고 싶다. 또한 사진 찍기 싫다는 나에게 나중에 영정사진으로 쓰면 좋다며 살살 꼬드겨서 결국 사진을 찍게 만들었던(하지만 공개 후 주변 사람들에게 두고두고 놀림을 당했다!) 이명익 기자를 비롯하여, 〈시사IN〉 제작진 모두에게 감사드린다.

'주간 코로나19'에서 다루지 못한 중요한 주제들이 많다. 특히나 코로나19 유행 상황에서 돌봄과 생계의 이중 부담에 고통받는 여성들의 이야기, 사회적 관계망에 급속한 단절을 가져온 노인들의 이야기를 전하지 못한 것이 마음에 걸린다. 2015년 메

르스 유행 당시, 여러 사적인 모임과 공공 프로그램이 중단되면
서 사회적 고립감을 호소하는 노인들 이야기를 들었을 때, '아차'
하는 생각이 들었다. 그전까지는 '메르스 때문에 생사를 오가는
사람도 있는데 고립 정도야…'라고 가볍게 생각했다. 그러나 이
미 사회적 접촉 기회가 불충분한 노인들에게 이는 무척이나 큰
고통이었다. 코로나19 유행으로 요양시설들이 가족 면회를 중단
시키고, 노인들이 낮에 모이던 경로당이나 복지센터가 모두 문
을 닫으면서 이들은 창살 없는 감옥에 갇힌 신세가 되었다. 노인
감염은 높은 치명률로 이어질 수 있기에 나도 유행 초기 부모님
댁에 가도 될지, 가면 부모님과 점심을 같이 먹어야 할지 그냥 얼
굴만 뵙고 나와야 할지 망설였다. 엄마가 명쾌한 해답을 주셨다.
어차피 죽을 거, 그때까지 그냥 살던 대로 살겠다고. 사실 부모님
동네도 경로당을 비롯한 모든 시설, 프로그램들이 중단되었고,
당시에는 성당마저 오프라인 미사를 중단했기 때문에 자식들이
주말에 얼굴을 비추지 않으면 정말 '사람 한 명'을 만나기가 어려
운 상황이었다. 평균수명은 세계 최고 수준으로 늘어났지만 노인
빈곤율과 자살률이 그 어느 곳보다 높은 우리 사회에서 노인들
이 이 시절을 어떻게 살아냈는지 궁금하기도 하고 걱정도 된다.
그들도 평생 처음 겪는 일이었을 테니 말이다. '주간 코로나19'는
끝났지만, 〈시사IN〉에서 앞으로도 좋은 기사를 통해 코로나19
의 불평등한 여파 문제를 계속 탐색하고 알려주기를 기대한다.

마지막으로 덧붙일 말이 있다. 프랑스 사회학자 피에르 부르디
외는 자신의 대담집을 출간하면서 서문에 '인터뷰라는 장르의 특
성에서 비롯된 불편한 효과'에 관용을 구한다고 썼다. "모든 시

선의 초점이 되며, 그 결과 어쩔 수 없이 오만과 자기만족의 유혹에 노출"되고 "돌발적인 언급, 과감한 공언, 단순화하는 평가들은 대화라는 상황이 선물한 자유의, 어쩌면 불가피한 또 다른 이면"이라면서 말이다. 천하의 부르디외 선생님도 이런 이야기를 하는 마당에, 우리 필자들이 대담에서 실수한 것, 놓치거나 때로는 과도하게 이야기한 것 모두를 독자들이 관용으로 받아주기를 바란다. 그리고 그 틈새를 발견한 이들로부터 새로운 이야기가 피어나고, '가늘게 길게 애틋하게' 팬데믹을 함께 헤쳐나가는 방법을 찾을 수 있기를.

시사IN 저널북
가늘게 길게 애틋하게

지은이
변진경, 김명희, 임승관

초판 1쇄 펴낸날
2020년 7월 27일

초판 2쇄 펴낸날
2020년 9월 28일

발행인
이숙이

편집인
김은남

디자인
신용진

제작
M-Print

펴낸곳
(주)참언론 시사IN북

출판등록
2009년 4월 15일 제300-2009-40호

주소
(04506) 서울시 중구 중림로 27 가톨릭출판사빌딩 3층

전화
02-3700-3250(마케팅) / 02-3700-3270(편집)

주문팩스
02-3700-3299

전자우편
book@sisain.kr

홈페이지
http://sisainbook.com

값
10,000원

ISBN
978-89-94973-63-0 (02300)

시사IN 저널북(SJB)은
시사주간지 〈시사IN〉이
만든 출판 시리즈입니다.
우리가 꼭 알아야 할 이슈를
큐레이팅하여 가볍되
깊이 있게 담아냅니다.

이 도서의 국립중앙도서관 출판예정도서목록(CIP)은
서지정보유통지원시스템 홈페이지(http://seoji.nl.go.kr)와
국가자료공동목록시스템(http://www.nl.go.kr/kolisnet)에서
이용하실 수 있습니다. (CIP 제어번호: CIP2020029987)